READ CHINESE

A BEGINNING TEXT
IN THE CHINESE CHARACTER

BOOK ONE

Fang-yü Wang

Edited by

Pao-ch'en Lee

Theodore Lownik Library
Illinois Benedictine College
Lisle, Illinois 60532

WITHDRAWN

FAR EASTERN PUBLICATIONS
YALE UNIVERSITY
NEW HAVEN, CONNECTICUT

495.1
.186
W246r
bk.1

Copyright © by Far Eastern Publications,
  1961. Printed in the United States of
America at Yale University, New Haven,
Connecticut. All rights reserved. This
book or its associated tapes may not be
reproduced in whole or in part, in any
form (except by reviewers for the public
press), without written permission from
the publisher.

Expanded edition copyright, 1982
15th printing, 1988

<u>FOREWORD</u>

<u>Approach</u>   This beginner's text in Chinese characters is
            based on the assumption that the student has al-
ready acquired some knowledge of spoken Mandarin. The time
was when spoken Chinese was taught through the medium of the
written character. During the war however, time limitations
made it necessary to abandon this approach and to prepare
text materials in romanization. The problem was to produce
a high degree of fluency in a few months time. Time could
not be spared for memorizing complicated ideographic symbols.
This new approach brought results so far superior to those
of the traditional approach, that many Chinese language
programs have since adopted it. Some introduce the printed
character after a few weeks of spoken language; others teach
no characters for the first semester. This is particularly
true in "intensive" courses calling for ten to twenty contact
hours per week.

<u>The Rebus</u> Traditional texts for beginners are handicapped
<u>Method</u>   in the early lessons by limitations of two kinds:
            paucity of the character vocabulary, and paucity
in the sentence patterns available. The adult mind sometimes
revolts at the puerility of the content. This shortcoming
cannot be eliminated entirely, for there must be a beginning
and a very simple one.

            <u>Read Chinese</u> was planned for the program of the
Institute of Far Eastern Languages at Yale University, where
the beginner starts with M. G. Tewksbury's <u>Speak Chinese</u>, a
romanized text. It is assumed that the student has covered
the first twelve lessons of <u>Speak Chinese</u> before he starts
<u>Read Chinese</u>. This means that the student has a certain
familiarity with sentence structure and a modest speaking
vocabulary before he is introduced to the characters. It
is therefore possible to use an approach resembling the
picture rebuses in children's magazines or the Japanese
custom of intermixing Chinese characters with sound symbols.
Characters are introduced into these sentences at the average
rate of fifteen per lesson. Consequently the first lessons
show a small number of characters scattered through romanized
sentences, but by half way through <u>Read Chinese</u>, characters
exceed romanization, and by the end of the book romanization
is conspicuous by its absence. In this process the student

will have become acquainted with three hundred Chinese
characters. For the convenience of those studying both
Speak Chinese and Read Chinese the following table is given
to show which lessons have the same vocabulary limits:

	Speak Chinese				Read Chinese	
Lessons	1-12	are pre-requisite to starting character reading				
"	13	parallels	in vocabulary		Lesson	1
"	14	"	"	"	"	2-3
"	15	"	"	"	"	4-5
"	16	"	"	"	"	6-7
"	17	"	"	"	"	8-9
"	18	"	"	"	"	10-11
"	19	"	"	"	"	12-13
"	20	"	"	"	"	14-15
"	21	"	"	"	"	16
"	22	"	"	"	"	17
"	23	"	"	"	"	18
"	24	"	"	"	"	19
Review		"	"	"	"	20 Review

Mirror Series The Mirror Series of Chinese language texts offers
the following sequence of teaching materials:

Spoken Language:

Speak Chinese, M.G. Tewksbury (1948), vocabulary
approximately 600 words.
Chinese Dialogues, F. Wang (1953), vocabulary 1300
words.

Character Reading:

Read Chinese, Book I, Fred Wang (1953), 300 characters.
Read Chinese, Book II, Richard Chang (1958), 600
characters.
Read Chinese, Book III, Fred Wang and Richard Chang,
(1960), 1000 characters.
The Lady in the Painting, Fred Wang (1957), an illus-
trated story told within the limits of 300 charac-
ters.
Read About China, Pao-chen Lee (1958), a supplementary
reader at the 600 character level.

A Sketch of Chinese Geography, Charles Chu, supplementary spoken and reading materials at around the 800 character level.

A Sketch of Chinese History, Henry C. Fenn, supplementary spoken and reading materials at around the 1000 character level.

Background   Speak Chinese provides a systematic survey of the structural patterns and basic vocabulary of modern spoken Chinese. A student who does not have this background will be handicapped in reading characters and using this text. Hencean attempt is made, in the Introduction which follows, to give a brief digest of some of the basic principles of sentence structure. It cannot fill the place of Speak Chinese but may be helpful in emergency.

A NOTE ON THE EXPANDED 1982 EDITION

The basic content of Read Chinese, Book One, remains the same in the 1982 edition. However, several new features have been added to the text which, hopefully, will make it an even more successful teaching tool. In general the 1982 edition differs from previous printings of this book in the following ways:

SIMPLIFIED CHARACTERS: On the new-character display pages for each lesson, the simplified version of the character is provided. In each case these are the official simplified forms as standardized by the People's Republic of China. In addition, sentences utilizing the simplified forms are presented at the end of nearly every lesson. This book still regards the "traditional" or unsimplified form as the primary object for study but at the present time the student of Chinese is required to learn the simplified forms if he intends to read materials printed in the People's Republic.

PINYIN ROMANIZATION: Also presented on the display pages for each lesson is the pinyin romanized pronunciation for each new character. The pinyin romanization is the official transcription system now in use in the People's Republic. As the user of the book will shortly see, the Yale romanization system does not differ greatly from the pinyin. It is wise for the student to familiarize himself with more than one transcription system because there are at least three or four systems in common use. This book still regards the Yale romanization system as the most useful system and the easiest for beginning students.

VOCABULARY CHANGES: For the 1982 edition certain outdated
vocabulary words were changed to more modern forms.   These
changes were very minor.   The total amount of words changed
or added amounted to less than five.

We hope these additions prove to be useful and helpful to
the student.   Readers comments are welcome.   Please send
your reaction to:

John Montanaro, General Editor
FAR EASTERN PUBLICATIONS
Yale University
340 Edwards Street
New Haven, Connecticut 06520

INTRODUCTION TO CHINESE SENTENCE STRUCTURE

Henry C. Fenn

I. WORDS IN CHINESE

The Chinese ideographs are monosyllabic when read, but the spoken language is polysyllabic; yet the polysyllabic spoken language is recorded in monosyllabic characters. When a Chinese scholar reads aloud, he tends to impart some of the staccato nature of the character to his rendition of vernacular; nevertheless it is readily understood and with care may even be given a smooth speaking rhythm. When one attempts to record the spoken language in romanization, however, it becomes necessary to write together as single "words" groups of morphemes which cohere and may be treated as a functional unit.

II. PARTS OF SPEECH

Many of the functional categories into which the words of spoken Chinese fall are identical in name and similar in function to their counterparts in English; others differ in degree. Most words in Chinese may be sorted into two major groups: nominal expressions and verbal expressions. Each of these areas may in turn be subdivided into what are commonly known as "parts of speech".

A. Verbal Expressions

All words which will take the negative prefix bu- before them are verbal expressions. Those which will also take the particle le after them are verbs of one sort of another; all others are adverbs.

1. <u>Stative Verbs</u> (SV) express quality or condition, hence
describe rather than predicate action or event。
They do not normally take an object. They may be
preceded by the adverb hěn. Besides its predicate
function, a stative verb may also function as:

   1.11 Modifier of a noun (with or without the par-
       ticle <u>de</u>) thus functioning like the adjective
       in English.

   1.12 Modifier of a verb -an adverb (limited to
       certain SV).

   E。g: (Predicate) Jèige fángdz <u>dà</u>.
                  This house is large.
     (Mod. of N) Wǒ yàu <u>dà</u> fángdz.
                 I want a large house.
     (Mod. of V) Ta <u>lǎu</u> shwō Jūnggwo hwà.
               He always speaks Chinese.

2. <u>Functive Verbs</u> (V) - The term functive verb distinguishes
a verb which predicates action or event from one
which characterizes (SV). It may or may not have
an object.

   E.g: Sywésheng méi<u>lái</u>.   The students didn't come.
   Wǒde péngyou <u>yǒu</u> shū.
                 My friend has some books.
   Nèige pùdz <u>mài</u> màudz.
               That store sells hats.

3. <u>Coverbs</u> (CV) - The term coverb stands for an occasional
function of certain functive verbs rather than for
a separate category of words. The coverb plus its
object forms a coverbial phrase modifying the main
verb. Hence the function of a coverbial phrase is
essentially adverbial. The coverb, like the English
preposition, expresses relationships. A coverb can-
not be separated from its object.

   E.g: Nǐ <u>gěi ta</u> bān jwōdz.   Move the table for him.
      Wǒ <u>yùng kwàidz</u> chrīfan.   I eat with chopsticks.
      Tā <u>dàu Shànghǎi</u> chyu.   He is going to
                            Shanghai.

4. <u>Postverbs</u> (PV) - <u>Dàu</u>, <u>dzài</u> and <u>gěi</u> - and occasionally
   P\/ other verbs - may be suffixed to functive verbs to
        indicate certain relationships. The resulting
        compounds require an object. These endings are
        known as postverbs.

        E.g: Tā jud<u>zai</u> Běijīng.   He lives in Peking.
             Tā sùn<u>gei</u> wǒ yìběn shū. He gave me a book.
             Nǐ dzǒu<u>dau</u> nèige fángdz   Walk to that house
             ner.   over there。

5. <u>Resultative Verbs</u> (RV) - Many verbs of action are com-
   R\/ pounded with a second verb indicating result of the
        action。 A simple compound of this type indicates
        actual result. <u>Potential</u> result may be indicated
        by inserting between the action and the result
        either <u>de</u> (positive) or <u>bu</u> (negative). A stative
        verb sometimes takes a resultative ending, but
        only when it has acquired a functive force by indi-
        cating <u>attainment</u> of a condition rather than the
        condition itself.

        E。g: Wǒ <u>kànbudǔng</u> jèiběn shū.
                  I can't understand this book.
           Tā <u>chīwánle</u> fàn le.
                  He has finished his meal.
         Kǔngpà tā <u>hǎubulyǎu</u>.
                  I'm afraid he can't get well.

6. <u>Auxiliary Verbs</u> (AV) normally take other verbs or V-O
   A\/ as their objects。 Very few verbs serve this auxil-
        iary function exclusively; most of them may be
        either functive (i.e. take a noun as object) or
        auxiliary.

        E.g: Tā <u>hwèi</u> (shwō) Fàwén.   He can speak French.
             Nǐ <u>kéyi</u> jìnlai。   You may come in。
             Tā <u>syǐhwan</u> chànggēr.   He likes to sing。
             Tā <u>syǐhwan</u> Jūnggwo gēr。 He likes Chinese
                                songs.

7. <u>Adverbs</u> modify verbs or other adverbs. A fixed adverb
   A (A) immediately precedes the verb it modifies. A
        movable adverb (MA) must likewise precede the verb
        but may be separated from it by the subject of the
        sentence. One syllable adverbs tend to be fixed.

E.g: Tāmen <u>dōu</u> chr Jūnggwo fàn.
                              They all eat Chinese food.

<u>Yésyǔ</u> ta bulái. ⎫
Ta <u>yésyǔ</u> bulái. ⎬ Perhaps he won't come.

B. <u>Nominal Expressions</u> are those which will not take the negative prefix <u>bu</u>- before them.

1. <u>Nouns</u> (N) are words which can be preceded by the combination specifier-number-measure (SP-NU-M) or by some portion of it. A noun may function as the subject or object of a verb or as modifier of another noun. The combination SP-NU-M also functions as a noun.

2. <u>Pronouns</u> (PN) are personalized nouns, but differ from nouns proper in not being readily modified by other nouns and by stative verbs.

3. <u>Measures</u> (M) are boundforms which can be preceded by a number (NU), a specifier (SP) or other indicator of quantity. Together with its NU and/or SP it forms a noun. Many nouns may also be used as measures.

4. <u>Numbers</u> (NU) are essentially counters. In simple counting or in reading off a list of numbers they are freeforms. Otherwise they are boundforms and require a measure (M) to complete them. The forms <u>jǐ</u> (a few), <u>líng</u> (zero), <u>bàn</u> (half), <u>dwōshǎu</u> (how many?), <u>dwō</u> (plus), and <u>syē</u> (several) function as numbers, but only <u>líng</u> may be used as a counter.

5. <u>Specifiers</u> (SP) point to a definite thing or things. They can stand before the combination NU-M-N or any portion of it.

    <u>Examples</u> of the use of SP, NU, M, and N.

        lyǎngge .... two (of something)
        sānge rén .... three people
        yíkwài táng .... a piece of candy
        jèige jwōdz .... this table
        nèiszge yǐdz .... those four chairs
        jèige .... this one
        yìwǎn fàn .... a bowl of rice

6. <u>Placewords</u> (PW) are nouns that will fit into the pattern dàu....chyù. This category includes all proper names of places.   E.g.:

[PW]

> jèr .... here   jyā .... home
> nèr ..... there   sywésyàu ... school
> nǎr? ... where?   Shànghǎi ... Shanghai

> 2.61 Ordinary nouns can be made into PW by adding a positional suffix or localizer such as <u>shàng</u> (on), <u>syà</u> (under), <u>lǐ</u> (in) and sometimes <u>wài</u> (out).
>
> jwōdzshang .... <u>on</u> the table
> wūdzlǐ .... <u>in</u> the house
> gwówài .... <u>outside</u> the country
> chwángsyà .... <u>under</u> the bed

7. <u>Timewords</u> (TW) are essentially nouns, standing as subject or object of a sentence, but they may also function as adverbs, modifying a verb.   E.g.:

TW

> (N) Jīntyān shr syīngchièr.   Today is Tuesday.
>   Sywésheng dōu syǐhwan   All students like
>   syīngchīlyòu.   Saturday.
> (MA) Jīntyān wǒ bunéng chyù.   I can't go today.
>   Wǒ míngtyan tsái néng   I can't go until
>   chyù.   tomorrow.

(Note that both TW and PW may be preceded by <u>dzài</u>, but TW will not fit into the pattern dàu .... chyù.)

C. <u>Expressions which are not full words:</u>

1. <u>Particles</u> are not full words but are indicators whose grammatical significance overshadows any thought content they may possess.   They cannot stand alone or be translated independently of the word or clause to which they are attached.

P

> ma, a, ba, ne are Interrogative Particles
> le, de, ne, je, gwo are Aspect Particles

2. Interjections, as in other languages, are not fully words
   in that they express emotions rather than definable
   thought. E.g.: ā, ōu, hē, hài, aīyā, hwò

3. Bound Forms, means a form that always occurs in combina-
   tions with another form and never stands alone as
   a complete word. The abbreviation BF marks this
   form. In lesson one -men, the pluralizing suffix is
   a Bound Form (BF).

III. SENTENCE PATTERNS

Basic   The Chinese sentence normally follows the formu-
Patterns   la 'subject-verb-object (S-V-O)'. However,
             since there are two distinct types of verb in
Chinese - the stative verb which cannot take an object and
the functive verb which can - there are two basic patterns
for sentences:

1. The Descriptive Sentence based on the stative verb. It
   expresses characterization rather than action. It may
   consist of a subject and a SV, and the SV may be fol-
   lowed by several types of complement, but it cannot have
   an object.

(a) Shān	hěn	gāu.	
(b) Shū	bú-	gwèi.	
(c) Háidz	jēn	tsūngming.	
(d) Jèige jǐ		pyányide	dwō.
(e) Neige jwōdz		cháng	yìdyǎr.

> (a) The hill is very high.
> (b) The books are not expensive.
> (c) The child is really bright.
> (d) This paper is much cheaper.
> (e) That table is a little longer.

2. The Functive Sentence based on the functive verb. It
   expresses action rather than characterization. It may
   consist of subject, verb and object, but both subject
   and object are frequently missing.

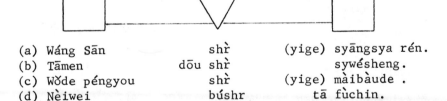

(a)	(Nǐ)	lái.	
(b)	Tā	míngbai.	
(c)	Tāmen	chī	ròu.
(d)	Syānsheng	kàn	bàu.

    (a) Come!
    (b) He understands.
    (c) They eat meat.
    (d) The teacher is reading the newspaper.

Three Special Verbs   Most sentences in Chinese may be assigned to one of the two preceding categories, but there are three verbs which fit neither of them: shr̀ (to be), yǒu (to have), and dzài (to be at). Each has several distinct uses, the most important of which are listed here.

1. Uses of shr̀:

    1.1 Equative use: - To link two nouns or nominal expressions which are to be equated:

(a)	Wáng Sān	shr̀	(yige) syāngsya rén.
(b)	Tāmen	dōu shr̀	sywésheng.
(c)	Wǒde péngyou	shr̀	(yige) màibàude .
(d)	Nèiwei	búshr	tā fùchin.
(e)	Nèiběn shū	shr̀	hěn gwèide.

    (a) Wang San is a country man.
    (b) They are all students.
    (c) My friend is a newspaper seller.
    (d) That isn't his father.
    (e) That book is a very expensive one.

1.2 <u>Descriptive</u> use: - To link a noun and a descriptive clause.

(a) Wǒde nyǔ péngyou   lǎu shr̀   měiyige syīngchī gěi
                                       wǒ lai yìfēng syìn.
(b) Dzwǒtyan   shr̀   wǒ tóuyitsz̀ chī
                                       Jūnggwo fàn.

(a) My girl friend always writes to me once a week.
(b) Yesterday was the first time I had eaten Chinese
    food.

1.3 <u>For</u> <u>Emphasis</u> - <u>Shr̀</u> may be placed immediately before
the word in a sentence in which the speaker is pri-
marily interested. If this <u>shr</u> is given spoken
stress so as to bring out its proper tone, the em-
phasis is further increased.

Tā shr <u>dzwǒtyan</u> jyéde   It was <u>yesterday</u> that he
   hwūn.   got married.
Wǒ shr <u>tsúng Hànkǒu</u>   I came <u>from Hankow</u>.
   láide.
Tā shr <u>míngtyan</u> lái.   It is <u>tomorrow</u> that he comes.
Tā shr̀ <u>hwèi shwō</u>   He <u>does</u> speak English.
   Yīngwén.
Tā shr̀ <u>mǎile</u> yíge   Yes, he <u>did buy</u> a house.
   fángdz.

2. <u>Uses</u> <u>of</u> <u>yǒu</u>:

   2.1 <u>Functive</u> <u>use</u> in the sense of <u>to</u> <u>have</u> or <u>possess</u>.

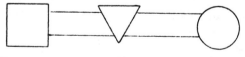

   (a) Tā   yǒu   fángdz.
   (b) Syǎuháidz   yǒu   hwàr.

        (a) He has a home.
        (b) The child has a picture.

2.2 <u>Existence</u> in a place, in the sense of <u>there is,</u>
<u>there are</u>. The subject, if any, is a <u>placeword</u>.

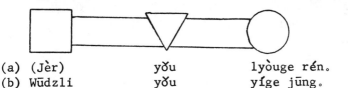

(a) (Jèr)   yǒu   lyòuge rén.
(b) Wūdzli   yǒu   yíge jūng.

   (a) There are six persons here.
   (b) There is a clock in the house.

3. <u>Uses of dzài</u>:

3.1 <u>Locative,</u> in which <u>dzài</u> is the main verb, and a
<u>placeword</u> is its object. Compounds of <u>dzài</u> behave
similarly.

(a) Wǒ fùchin   dzài   Yúnnán.
(b) Syǎuháidz   dzài   wàitou.
(c) Nǐ   fàngdzài   jèr   ba.
(d) Tāmen   jùdzài   sywésyàu nánbyar.

   (a) My father is in Yunnan.
   (b) The child is outside.
   (c) Put it here.
   (d) They live south of the school.

3.2 <u>Coverbial,</u> in which <u>dzài</u> is a coverb, not a functive
verb. The CV and its PW object function adverbially
as a modifier of the main verb.

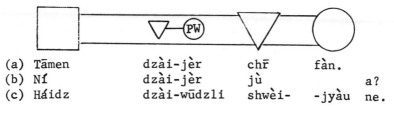

(a) Tāmen   dzài-jèr   chr̄   fàn.
(b) Nǐ   dzài-jèr   jù   a?
(c) Háidz   dzài-wūdzli   shwèi-   -jyàu ne.

   (a) They eat here.
   (b) So you live here?
   (c) The child is asleep in the house.

<u>Alternative</u> <u>Orders</u> <u>for</u> <u>a</u> <u>Sentence</u>	While the normal order of a sentence is sub-ject-verb-object (S-V-O), two other patterns are in common use. The three orders may be compared by means of diagrams:

1. <u>Direct</u> <u>Order</u>

Jāng Taitai   mǎile   hěn dwō   tsài.
(Mrs. Jang bought a lot of vegetables.)

2. <u>Bǎ</u> <u>Order</u> - The coverb bǎ may be used to bring the direct <u>object</u> from its normal post-verbal position to a posi-tion between the subject and the verb. This pattern is used when the object is <u>specific</u> or where it has been <u>mentioned</u> or <u>implied</u>.

Jāng Taitai   bǎ tsài   dōu mǎilaile.
(Mrs. Jang has bought all <u>the</u> vegetables.)

3. <u>Pre-stated</u> <u>Order</u> - It is common practice to place the object at the beginning of the sentence, even before the subject. This enables the speaker to get a heavily modified or otherwise complicated object out of the way before he predicates anything about it. The subject may be treated similarly, in which case a pronoun may be supplied to occupy the position of subject-proper.

In English a pre-stated subject or object is usually introduced by an expression such as "as to" or "you know".

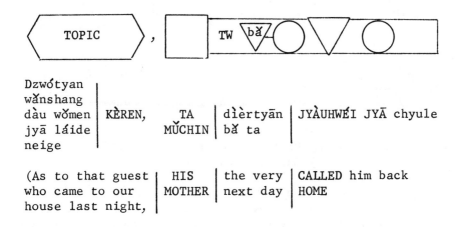

| Dzwótyan wǎnshang dàu wǒmen jyā láide neige | KÈREN, | TA MǓCHIN | dìertyān bǎ ta | JYÀUHWÉI JYĀ chyule |
| (As to that guest who came to our house last night, | HIS MOTHER | the very next day | CALLED him back HOME |

IV. QUESTION PATTERNS

1. <u>Simple</u> or <u>Direct</u> <u>Question</u>. This is made by adding to a statement one of the interrogative particles: <u>ma</u>, <u>ba</u>, <u>a</u>. <u>Ma</u> indicates a full question, <u>a</u> a half-question, and <u>ba</u> a suggestion with an element of doubt possible.

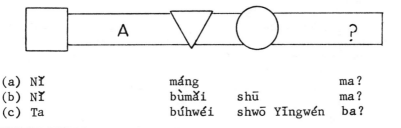

(a) Nǐ	mǎng			ma?
(b) Nǐ	bùmǎi	shū		ma?
(c) Ta	búhwéi	shwō Yīngwén		ba?

    (a) Are you busy?
    (b) Aren't you buying any books?
    (c) He doesn't speak English, does he?

2. <u>Positive-Negative</u> <u>Question</u>. This consists of a positive statement followed by the negative form of the same statement. There is no indicator of question except the pattern itself.

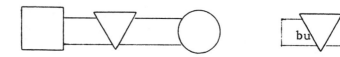

(a) Nǐ   lèi   búlèi?
(b) Ta   kàn   bàu   búkàn   (bàu)?
(c) Nǐ   hwèi   chàng   gēr   búhwei?

   (a) Are you tired?
   (b) Does he read the newspaper?
   (c) Can you sing?

3. <u>Alternative Choice Question</u>。 Like the Positive-Negative
   type, this presents two alternatives, but in this case
   both choices may be positive. The introductory adverbs
   shr....shr, háishr....háishr may be added to keep the
   alternatives clear. (Likewise <u>shr</u> or <u>háishr</u> singly, or
   the combination shr...。<u>háishr</u>). The particle ne may be
   placed at the end of each alternative or at the end of
   the question only, or omitted entirely.

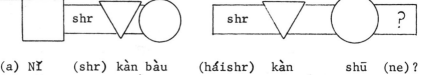

(a) Nǐ   (shr) kàn bàu   (háishr) kàn   shū   (ne)?
(b) Nǐmen   shr   chyù   shr búchyù   ne?
(c) Jwōdz   shr   tài cháng   shr tài dwǎn   ne?

   (a) Are you reading the paper or a book?
   (b) Are you going or aren't you?
   (c) Is the table too long or too short?

4. <u>Question Word Type</u> - To ask the question who? when?
   what? how? where? etc., corresponding question words are
   available in Chinese:

   N who?   - - - shéi?   A how?   - - - - - dzěmma?
   N what? - - - shémma?   CV-O why?   - - - - - wèi shémma?
   PW where? - - nǎr?   TW when? - - - - - shémma shŕhou?
   NU how much? - dwōshǎu?   A how(much so)? - dwóma?
   NU how many? - jǐge?   A which? - - - - něige?

A question word takes the same position in the question
that the answer word takes in the answer. Contrast the
English inverted order in the question 'Who is he?' with
the Chinese 'He is who?'

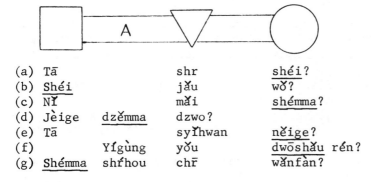

(a) Tā   shr   shéi?
(b) Shéi   jǎu   wǒ?
(c) Nǐ   mǎi   shémma?
(d) Jèige   dzěmma dzwo?
(e) Tā   syǐhwan   něige?
(f)   Yígùng   yǒu   dwōshǎu rén?
(g) Shémma shŕhou   chŕ   wǎnfàn?

   (a) Who is he?
   (b) Who is looking for me?
   (c) What are you buying?
   (d) How is this done?
   (e) Which one does he like?
   (f) How many people are there all told?
   (g) At what time do we eat dinner?

As in English, the **person of a pronoun may change:**

Question: Nǐ jǎu shèi? (For whom are you looking?)
Answer   Wǒ jǎu nǐ. (I'm looking for you.)

4.1 The particle ne added to the question word type of
    question word type of question indicates a con-
    tinuing aspect:

       Nǐ jǎu shémma ne? (What are you looking for?)
       Shéi kàn bàu ne?   (Who is reading the paper?)
       Jè dzěmma dzwò ne? (How do you do this?)

4.2 The particle a (ya, wa, na) may be added to the
    question word type of question. It has about the
    same effect as the English 'well' in the sentence,
    "Well, who are you looking for?", which in Chinese
    become "Nǐ jǎu shéi a?"

V. THE USE OF ASPECT PARTICLES

Aspect particles are added to words, and clauses and sentences
to indicate a particular aspect or orientation of the action
or characterization which is expressed by the verb.

A. NE indicates continuing action or condition. It commonly
   translates into an -ing ending in English. It stands at
   the end of the clause or sentence.

Ta (hái) chrfàn ne.	He is (still) eating.
Nàshrhou tamen hái dzai Shànghǎi jù ne.	At that time they were still living in Shanghai.
Ta hái méidzwòwán ne.	He hasn't finished it yet.

B. JE has characterizing force. It may be used to indicate:

1. Contingent action. It is then attached not to the main
   verb but to a subsidiary verb to indicate the action
   which is regarded as an accompaniment of the main action.

Ta dzǔngshr kànje bàu dzǒu lu.	He always walks along reading his newspaper.
Ta kǎnje shū jyou shwèi-jáule.	He went to sleep (in the process of) reading a book.
Ta dàije syǎuhár shàng jyē le.	He has gone to town, taking the youngster with him.

2. Continuing state or position. In some cases, notably
   verbs indicating position, je is essential, since the
   verb itself is a bound form and cannot be used alone.
   (dzwò, tǎng, jàn). For other verbs, such as děng, dài
   gēn, it is required only when continuity of the state
   is to be stressed. Ne is sometimes added for still
   further stress.

Nǐ tǎngje ba.	You'd better lie down.
Wǒ jyòu dzai jèr dzwòje.	I'll just sit here.
Wo méidài(je) chyán.	I didn't bring any money.
Ta dzai wàitou děngje ne.	He is waiting outside.
Syǎusyīn(je) dyǎr.	Be careful.
Jèige háidz lǎu gēnje ta mǔchin.	This child always sticks to his mother.

C. LE basically indicates change of status. It may have one of two positions:

1. Final le - at the end of a sentence.

   1.1 With a stative verb the effect is purely change of status or condition.

Tā hǎule.	He's well.
Tā lèile.	He has become tired.
Cháwǎn hwàile.	The teacup is broken.

   1.2 With either a stative verb or a functive verb it may indicate imminent change of status or action.

Ta kwài hǎule.	He'll soon be well.
Wǒmen dzǒule.	We'll be going.
Yìtyān jyou kéyi hwéi-laile.	We can get back in a day.

   1.3 With a functive verb it may indicate actual completion of the action.

Tā dàu Shànghǎi chyule.	He went to Shanghai.
Shū mǎile.	The books have been purchased.
Tā yǐjing shwèijáule.	He is already asleep.

2. Verbal le - attached to a verb within the sentence.

   2.1 When the verb is followed by a measure, the position of le is right after the verb.

Wǒ mǎile wǔběn shū.	I bought five books.
Wǒmen dzai ner jùle sāntyān.	We stayed there three days.
Tā láile lyǎngtsž, nǐ dōu méidzai jyā.	He came twice and you weren't at home.

   2.2 In a dependent clause le takes the verbial position. This gives the effect of a participial expression in English (having done this). The main clause will be introduced by jyou.

     Tā mǎile wǔběn shū, jyou shàng jyē le.

     He bought five books and went to town.

3. <u>Double le</u> - Where verbal <u>le</u> is used before a measure,
a second <u>le</u> may be added at the end of the sentence to
indicate that the action is completed only up to the
present, and to imply that further action may follow.
Compare:

Tā chřle sānwǎn fàn.	He ate three bowls of rice.
Tā chřle sānwǎn fàn le.	He has eaten three bowls of rice (so far).
Tā sywéle yìnyán Fàwén.	He had a year of French.
Tā sywéle yìnyán Fàwén le.	He has had one year of French (so far).

D. <u>DE</u> is subordinative in effect. It identifies that which
comes before it - whether word or clause - as a modifier
of that which comes after it. Such subordination may
have the following effects:

1. <u>Possessive</u> when <u>de</u> is added to a noun: <u>wǒde</u>, <u>pùdzde</u>,
<u>nánrende</u>。

2. <u>Qualificative</u> when added to stative verbs. SVde may
modify either:

    2.1 <u>A noun</u>: hěn hǎude shū   very good books
                hǎukànde hwàr   beautiful pictures

    2.2 <u>A verb</u>: hěn mànde dzǒu   go very slowly
                yìjŕde dzǒu   go straight ahead

3. <u>Manner</u> - S-Vde may stand before a stative verb or other
descriptive expression manner in which something is done.
This pattern differs from that of the resultative verb
in that in the negative form <u>bu</u> does not replace <u>de</u> of
the positive form but is added to it.

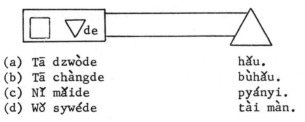

    (a) Tā dzwòde   hǎu.
    (b) Tā chàngde   bùhǎu.
    (c) Nǐ mǎide   pyányi.
    (d) Wǒ sywéde   tài màn.

(a) His workmanship is good.
(b) His singing is poor.
(c) You bought it more cheaply.
(d) I learn too slowly.

4. Noun Clauses may take the patterns S-Vde, V-Ode, S-V-Ode
and are treated like simple nouns. Such noun clauses
may modify nouns.

4.1 Some noun clauses of general meaning are written as
a single word:

màitángde   candy-seller (one who sells candy)
kāichēde   chauffeur (one who drives the car)
sùngsyìnde   messenger (one who delivers a message)

4.2 Examples of noun clauses:

Je búshr nǐ mǎide.   This isn't what you bought.
Nà shr tā dzwòde.   It was made by him.
Wǒ gěi ta de shū hái   The book I gave him is
   dzai jwōdzshang ne.   still on the table.
Wǒ hěn syǐhwan nǐ   I like very much the
   dzwótyan mǎide   picture you bought
   nèijāng hwàr.   yesterday.

5. To stress an attendant circumstance such as time, place,
or manner rather than the action of the verb, de is used
instead of le. The addition of shr before the element
to be stressed is common but not required.

Dzwótyan ta láile.   He did arrive yesterday.
Ta (shr) dzwótyan láide.   It was yesterday that he came.
Ta (shr) tsúng Yúnnán làide. He came from Yunnan.
Ta (shr) tsúng Egwo láide. He came by way of Russia.

E. GWÒ indicates that the action of the verb has been a part
of the experience of the subject.

Běi Hǎi wo chyùgwo   I've been to the North Lake
   lyǎngtsz̀.   twice.
Ta sywégwo Fàgwohwà.   He has studied French.
Nà wo tsúnglái méi   Well, I've never seen that
   kànjyangwo.   before.
Nǐmen lyǎngge rén jyàngwo Have you two (ever) met?
   myàn méiyou?

Dì—Kè

Character	Explanation	Expressions
一	**yī**　NU: one, a (pronounced *yī* in counting only; *yǐ* before a falling tone; *yì* before the other three tones)	一dìng　*certainly* 一dyǎr　*a little, a bit* 一gùng　*altogether* 一個 *syīng chī* one week 一nyán　*one year*
二	**èr**　NU: two	二月　*February* *syīng chī* 二　*Tuesday* 二十天　*twenty days* dì二天　*the 2nd day, next day*
三	**sān**　NU: three	三月　*March* 三個月　*three months* *syīng chī* 三　*Wednesday* dì三個 月　*the 3rd month*
四	**sz̀**　NU: four **sì**	四個 小 *háidz four children* 七月 四hàu　*July 4th*
五	**wǔ**　NU: five	五kwài chyán *five dollars* 五六個 人 *five or six persons* 五běn shū　*five books* 五bǎi個 sywéshcng　*500 students*

Character	Explanation	Expressions
六	**lyòu** NU: six liù	六kwài五 *$6.50* 六七十nyán *sixty or seventy years*
七	**chǐ** NU: seven (pronounced *chī* in counting and before a level, rising or low tone; *chǐ* before a falling tone) qī	七八wèi tàitai *seven or eight ladies* 一七七六nyán *the year 1776*
八	**bā** NU: eight (pronounced *bā* in counting and before a level, rising or low tone; *bá* before a falling tone)	八十dwō 人 *eighty-odd people* 八月 十五 *August 15th*
九	**jyǒu** NU: nine jiǔ	九個bàn 月 *nine and a half months* 九月 十九hàu *September 19th* 九十ji個 人 *ninety-odd people*
十	**shŕ** NU: ten shí	十二月 二十五hàu *December 25* dì十個 byǎu *the 10th watch*

Character	Explanation	Expressions
月 **ywè** / yuè	N: month	上月 *last month* 下月 *next month* 八九月li *in August or September*
個 **gè** / 个	M: (general measure for individual persons or (things)	九個人 *nine people* 七八個 *seven or eight* ji個? *how many?--assuming less than ten* 三十ji個 *thirty odd*
人 **rén**	N: person, people, human being	人人 *everyone* hǎu人 *good person* 中gwo人 *a Chinese or Chinese people* syāngsya人 *country people*
大 **dà**	SV: be large, big; grown up	大人 *adult* 大一dyǎr *a little larger; a little too large*
天 **tyān** / tiān	M/N: day	syīngchī天 *Sunday* 天天 *daily* 有一天 *one day* jīn天 *today* dzwó天 *yesterday* míng天 *tomorrow*

Character	Explanation	Expressions
我	**wǒ** N: I, me	我 fùmǔ *my parents* 我們 *we, us* 我們的 *our, ours*
你	**nǐ** N: you (singular)	你的 *your, yours--singular* 你們 *you--plural* 你們的 *your, yours--plural*
他	**tā** N: he, she, him, her	他的 *his, her, hers* 他們 *they, them--referring to persons only* 他們的 *their, theirs--referring to persons only*
們 们	**men** BF: (pluralizing suffix for pronouns and nouns denoting persons when no definite number is mentioned)	我們 *we, us* háidz們 *children* péngyou們 *friends*
是	**sh̀r** V: is, am, are (in their equational sense) A: (to show emphasis on what follows immediately) P: (suffix in certain movable adverbs) **shì**	kě是 *but* 是 不是? *isn't it so?*

Character	Explanation	Expressions
有	**yǒu** V: have, has; there is or are [CV: be as much as, be be as]	有人 shwō *some say* 有chyán *wealthy* 有(的) shŕhou *sometimes* 有的 *some...* 有yìsz *interesting*
没	**méi** A: (negative prefix for 有; negative prefix in completed action--abbr. of 没有) V: have not (abbr. of 没有)	没chyán *poor* 没mǎi *didn't buy* 没 shemma! *don't mention it! it's nothing at all*
上	**shàng** V: ascend, get onto; [go to] SP: last PW: on top (of)	上syīngchī *last week* 上tou *above, top* 上 chwán *board a ship* dzǎu上 *morning* wǎn上 *evening* lóu上 *upstairs*
下	**syà** V: descend, go down from SP: next PW: below, underneath **xià**	下月 *next month* 下tou *below, bottom* 下 chē *get off train or car* syāng下 *country--rural* lóu下 *downstairs*
也	**yě** A: also, too, either (negative of also); both...and...	我也 chyù *I'll go too* 也 有chyán 也 hǎukàn *both rich and handsome*

Character	Explanation	Expressions
兩 两 liǎng	**lyǎng** NU: couple, two (see Speak Chinese Lesson VI, Note 7 for comparison of 兩 and 二)	兩個 **syīng chī** *two weeks* 兩三天 *two or three days* 兩 kwài chyán *two dollars*
中 zhōng	**jūng** BF: middle	中 gwo *China* 中 fàn *lunch--noon meal*
的	**de(dì)** P: (subordinate particle indicating that what precedes 的 qualifies what follows)	我的 shū *my book* 我 péngyou 的 byǎu *my friend's watch*
不	**bù** A: (negative prefix to verbs, stative verbs and adverbs except 有) (bú before a falling tone)	不 syihwan *don't like* 不 hěn **大** *not very big* 不 tài gwèi *not too expensive* 不 hǎu *not good, bad* 不 yàujǐn *not important* 不 yíding *not necessarily, uncertain*
小 xiǎo	**syǎu** SV: be small, little	小 háidz *child* 小 jye *Miss; polite for daughter* 我 小的 shŕhou *when I was a child*

Jyùdz

1. 一月 八hàu 是 syīngchī 五* ma?

2. 他們 jyā 有 三個 大人，四個 小háidz.

3. 我們 七月 八hàu dàu nèr chyù, hǎu ma?

4. 一個 syīngchī 有 七天.

5. 三bǎi六十五天 是 一nyán.

6. 上syīngchī二，是 九月 jihàu?

7. Jīnyan 二月 jyòu 有 二十八天，是 不是?

8. 他們 九個人，一個 人 有 一個 byǎu.

9. Nèi 三個 人 也 shwō 大 màudz hǎukàn.

10. Jèi個 人 是 十二月 九hàu lái的.

11. Syīngchī六 wǎn上, chīng 你們 五wèi dàu 我們
    jyā lái chī dyǎr dūngsyi.

12. Jèi個 shū 一gùng 是 五běn, jè 是 dì四běn.

13. Nèi 三個 háidz 天天 dàu sywésyàu chyù nyànshū.

14. 我 syǎng 八九月li dàu 中gwo chyù.

---

* *Syīngchī* means 'week' and as such is equivalent to *lǐbài*,
  an older term. Like *lǐbài*, *syīngchī* combines with the
  numbers 'one' through 'six' to form the names of the
  days of the week, Monday through Saturday, (*syīngchīyī,*
  syīngchīèr, etc.) It also takes -ř or -*tyān* to mean Sun-
  day (*syīngchīř, syīngchītyān*) and -*jǐ* to mean 'which
  day of the week?').

15. Dzwó天 有 六七個 人 dzài 我們 jyāli chīfàn.

16. Jèi個 byǎu 是 一九七五nyán 七月 八hàu mǎi的.

17. Nèi個 人 dzwó天 shwō, Li Syansheng jīn天 lái.

18. Jèi 四個 yidz 一gùng 是 六十八kwài chyán.

19. 下syīngchī天, 九月 十七, 有 兩三個 péngyou
    yàu dàu Nyǒuywē chyù.

20. Nèi個 fàngwǎr hěn 大, dzwó天 有 一bǎi五十ji個
    人 dzài nèr chīfàn.

21. 我們 dōu 是 sywé 中gwo hwà 的 sywésheng.

22. 他 jyòu 有 兩個 小 nyǔháidz, 没有 nán的.

23. 你 tàitai 不dzài lóu上 ma?

24. 他們 也 yàu dàu 中gwo chyù ma?

25. 他 没有 fùchin, 也 没有 mǔchin.

26. 人 dōu 不syihwan 他們 兩個 人.

27. 我們 二十五個 人 dōu hwèi chàng 中gwo gēr.

28. 你們 兩個 人 也 dàu syāng下 chyù, hǎu 不hǎu?

29. Měigwo 人 也 néng chàng 中gwo gēr.

30. 有 人 shwō 大的 是 我的; 也 有 人 shwō
    小的 是 我的.

31. 我們 八個 人 一gùng jyòu 有 六十七kwài chyán.

32. Nèi個 人的 fángdz jēn 不小.

33. 他 shwō 你們 四個人 dōu 没有 byǎu.

34. 有的 shŕhou 我 děi dàu jyē上 chyù mǎi dūngsyi.

35. 他們 也 shwō 你們的 小háidz hěn 有yìsz.

36. Míng天 我 有 shŕ, 不néng dàu 你們 jyāli chyù.

37. 天天 dzǎu上 我 dzài lóu下 kàn bàu, 小háidz們 dzài lóu上 nyànshū.

38. 大人 有 大人的 péngyou; 小háidz 有 小háidz的 péngyou.

39. Lóu上[1] 也 没有; lóu下 也 没有; 你 shwō 他 dàu nǎr chyùle?

40. Nèi 兩個 中gwo 人 也 没chī byé的 dūngsyi.

41. 我, 你, 他, 我們 三個 人 míng天 chyù, hǎu 不hǎu?

42. 他們 jyā 一gùng 有 九個 大人, 没有 小háidz.

---

1. Here "upstairs" and "downstairs" are contrasted, so the Chinese equivalents should be pronounced *lóushàng* and *lóusyà*.

43. 他們 兩wèi的 Yīngwén 也 不tài hǎu.

44. 上tou的 nèi個 小, 下tou的 jèi個 大.

45. 有的 wàigwo 人 shwō, 中gwo 人 没有 不hē chá 的.

46. 我們的 四個 小háidz dōu 不syǐhwan 他.

47. 上個 月 是 六月, 有 三十天; jèi個 月, 是 七月, 三十一天.

48. Chyùnyan 五六月li, 他們 兩wèi yàu dàu 中gwo chyù, kě是 没chyù.

49. 你的 中gwo hwà jèi兩個 月 cháng shwō ma?

50. 我 也 没有 chyán, 也 没syǎng dàu 中gwo chyù.

SENTENCES IN SIMPLIFIED CHARACTERS

1. 我们的 两个 小háidz dōu 不syǐhwan 他.

2. 他们 jyā 有 三个 大人, 两个 小háidz.

3. 人 dōu 不syǐhwan 他们 两个 人.

4. 他们 也 shwō 你们的 小háidz hěn 有yìsz.

5. 他们 两个人, 一个 人 有 一个 byǎu.

Dì 二 Kè

Character	Explanation	Expressions
在	**dzài** V: be at, in or on CV: at, in or on *zài*	在 nǎr? *at what place?* 在 jyā jù *live at home* 在 上tou *on top of*
甚 什	**shén** BF: what (*shém* when combined with 廢)	甚廢? *what?* 沒 甚廢 *don't mention it* wèi 甚廢? *why?*
廢 么	**ma** P: (question suffix	甚麼 *what?* dzěm 廢 *how? in what way?*
地	**dì** BF: place ⌊N: ground⌋	地方 *place*
方	**fāng** BF: place ⌊SV: square⌋	地方 *place*
嗎 吗	**ma** P: (question particle)	你 hǎu 嗎? *how are you?*

Character	Explanation		Expressions
裏 里	**lǐ**	PW: inside	裏頭 *inside* wūdz裏 *inside the room* chéng 裏頭 *inside the city*
外	**wài**	PW: outside	外頭 *outside* sywésyàu 外頭 *outside the school*
前	**chyán** qián	PW: front; [former]	前頭 *front*
後 后	**hòu**	PW: back	後頭 *back*
頭 头	**tóu**	P: (general local-izer suffix) [N: head]	上頭 *top, above* 下頭 *below, bottom*

Character	Explanation	Expressions
這 这	**jè. jèi** SP: this [*jèm* or *dzèm* when combined with 麼] ·zhe zhèi	這個 人 *this person* 這兒 *here*
那	**nà, nèi** SP: that; [*nèm* when combined with 麼]	那běn shū *that book* 那兒(nèr) *there* 那 不yàujin *that's nothing*
哪	**nǎ, něi** SP: which	哪兒？(nǎr) *where?* 哪gwó？ *which country?*

到	**dàu** V: arrive at, reach
	      CV: to (towards)
	      [PV: (indicating arrival at the goal of action)]
	
	                        dào
		yǐjing 到了 *already arrived*
		到 中gwo chyù *go to China*

兒 儿	**ér** BF: son P: diminutive suffix	兒dz *son* hwà兒 *drawing or painting* fàngwǎn兒 *restaurant* nyǔ兒 *daughter*
了	**le** P: (verbal and sentence suffix, indicating completed action, [changed status or imminent action]) [**lyǎu**] [PV: (indicating capability for doing something, or for carrying it through to completion)] liǎo	chī了 *have eaten* lái了 *have come* dwèi了 *that's right*

Jyùdz

1. 這個 是 甚麼?

2. 你 yàu 到 甚麼 地方 chyù?

3. 我 在 那個 人的 後頭.

4. 小háidz們 doū 在 外頭, 大人 在 裏頭.

5. 那個 sywésyaù的 外頭, 有 一個 小 fàngwǎn兒.[1]

6. 你 天天 甚麼 shŕhou 到 這個 地方 lái?

7. 外頭 人 hěn dwō, 裏頭 有 人 没有?

8. 這 兩天 你 到 甚麼 地方 chyù了?

9. 我們 在 這兒, 你們 在 哪兒?

10. 在 外頭的 那個 人 是 shéi?

11. 你 wèi 甚麼 不到 他 jyā裏 chyù chŕfàn?

12. Chéng 外頭 有 甚麼 fàngwǎn兒? 有 中gwo fàn-gwǎn兒 没有?

---

1. *"Fàngwǎr"* actually consists of three characters in writing: *"fàn-gwǎn-ér."* So do *"yìdyǎr"* and *"yìkwàr"* which are *"yì-dyǎn-ér"* and *"yì-kwài-ér"* respectively. When *"ér"* is added to a syllable ending in *"an"* or *"ai,"* the ending becomes *"ar."*

13. 那 五個 外gwo 人 到 甚麼 地方 chyù 了?

14. 他 在 前頭, 你 在 後頭, 我 在 這兒, 你
    shwō haǔ 不haǔ?

15. 他 是 甚麼 shŕhou 到 那兒 chyù 的?

16. 他 在 哪兒 jù? 到 他 那兒 chyù, dzěm麼 dzoǔ?

17. 我 tīngshwō 你 gēn 他 一kwài兒² 到 chéng 裏頭
    chyù 了.

18. 那個 人 到 外gwo dzwò 甚麼 chyù 了?

19. 我 dzwèi syihwan 在 這個 fàngwǎn兒 chŕfàn, 這個
    地方的 fàn jēn hǎu.

20. 他 到 chéng 裏頭 chyù mǎi 甚麼 chyù 了?

21. 你 也 syǎng 到 這 兩個 地方 chyù 嗎?

22. Míng天 dzǎu上 你 在 甚麼 地方?

23. 他 到 哪兒 chyù 了? 前頭, 後頭, 裏頭, 外頭,
    dōu 没有.

24. 這兒 是 甚麼 地方, 你 jŕdau 不jŕdau?

25. 他 在 這兒的 那個 nyǔ兒 也 hěn hǎukàn.

2. See note 1.

26. 那個 Yīnggwo 人 也 到 前頭 lái 了 ma?

27. Dzwó 天 wǎn 上 我 一個 人 chyùle.　Byé 人 dōu
　　 到 byé 的 地方 chyùle.

28. 那 五個 wàigwo 人 dzěm 麼 没到 那個 地方
　　 chyù?

29. 我 nyǔ 兒 也 yàu 到 裏頭 chyù kànkan,³ 他 shwō
　　 外頭 不hǎu.

30. 他 shwō 的 那個 地方,　裏頭,　外頭,　上頭,
　　 下頭,　前頭,　後頭, dōu 有 人.

Gùshr

有 一天,　我 gēn 我 tàitai shwō:"Jīn 天 我們 chī
甚麼 fàn?"　他 shwō:"Jīn 天 dzǎu 上,　我 到 pùdz 裏
chyù mǎi dūngsyi. Pùdz 裏頭 没有 甚麼 hǎu tsài. 我
甚麼 dōu 没mǎi. 我 syǎng, jīn 天 我們 到 外頭 chyù
chīfàn chyù ba."　我 shwō:"不在 jyā 裏 chīfàn 也 hǎu,
到 哪兒 chyù chī?"　我 tàitai shwō:"我們 hái 到
那個 中gwo fàngwǎn 兒 chyù chī, hǎu 不hǎu?"

---

3. The reduplication of a verb, with or without *yi* in be-
tween, usually gives a casual term of a phrase, like
the English 'look' and 'take a look', 'taste' and
'take a taste', 'walk' and 'take a walk', etc.

我們 兩個 小háidz gēn 我們 一kwài兒 chūchyu 了. Háidz們 在 前頭 dzǒu, 我 tàitai gēn 我 在 後頭. 在 fàngwǎn兒 裏頭, 我們 dzwò下了. 那個 shŕhou tsúng 外頭 lái了 一個 lǎutàitai. 不是 byé人, 是 我 tàitai的 mǔchin. 他 gēn 我們 shwō: "我 到 你們 jyā chyù了. 你們 dōu 不在jyā, 我 syǎng 你們 一dìng 在 這兒, swóyi 我 到 這兒 lái了. 我們 在 一kwài兒 chī, hǎu 不hǎu?" 我 甚麼 dōu 没shwō, kě是 我 tàitai shwō: "Hǎu! chǐngdzwò, chǐngdzwò."

那個 lǎutàitai tài ài shwōhwà, 他 shwō的 hwà, 一dyǎn兒[4] yìsz 也 没有.

---

4. See Note 1.

SENTENCES IN SIMPLIFIED CHARACTERS

1. 这个 是 什么?

2. 你 yàu 到 什么 地方 chyù?

3. 我 在 那个 人的 后头.

4. 小háidz们 doū 在 外头, 大人 在 里头.

5. 这个 sywésyaù的 外头, 有 一个 小 fàngwǎn儿.

6. 你 天天 什么 shŕhou 到 这个 地方 lái?

7. 外头 人 hěn dwō, 里头 有 人 吗?

8. 这 两天 你 到 什么 地方 chyù 了?

9. 我们 在 这儿, 你们 在 哪儿?

10. 在 后头的 那个 人 是 shéi?

11. 你 wèi 什么 不到 他 jyā里 chyù chŕfàn?

12. Chéng 外头 有 fàngwǎn儿 吗 ?   有 中gwo fàn-
    gwǎn儿 没有?

Dì 三 Kè

Character	Explanation	Expressions
先	**syān** · xiān — A: first	先生 *Mr., sir, gentleman; teacher; polite for husband; you, sir!* 你先 dzǒu *you go first* lǎu先生 *elderly gentleman*
生	**shēng** · — BF: literary man, scholar [V: born]	sywé生 *student*
多	**dwō** · duō — SV: be much, many	多少? *how many? how much?* 很多 *great many, very much* 不多 *not many, not much* tài 多 *too many, too much*
少	**shǎu** · shǎo — SV: be few, little	很不少 *quite a few, quite a lot* 不tài 少 *not too few, not too little* 少説話，多 dzwò shì *talk less, do more*
很	**hěn** — A: very	很好 *very good, very well* 很好看 *very beautiful* 很 syihwan *like very much to; like...very much*

Character	Explanation	Expression
好 hǎo	**hǎu** SV: good, all right A: easily, well [PV: (indicates satisfactory completion of the action)]	好看 *beautiful* 好tīng *good to listen to* 好 不好? *How about it?* 好 mài *easy to sell* 好了 *be well again; it's ready, done*
看 kàn	**kàn** V: see, look at; read; [visit; think, consider; depends upon]	看 shū *read a book* 看 bàu *read a newspaper* 看看 *take a look* 看 一看 *take a look*
説 说 shuō	**shwō** V: speak, say	説話 *talk* tīng説 *hear it said* 説 gùshr *tell a story*
話 话 huà	**hwà** N: speech, language	ài 説話 *love to talk* Fà國話 *French* 中國話 *Chinese* R̀běn話 *Japanese*
國 玉 guó	**gwó** M/N: country, nation	Dé國 *Germany* 外國 *foreign country* 中國 人 *Chinese--person or people* 外國話 *foreign language*

Character	Explanation	Expressions
來 来	**lái** V: come [PV: (indicates arrival here)]	到 這兒 來 *come here* yíjing 來了 *already come* 上來 *come up*
去 qù	**chyù** V: go [PV: (indicates arrival there)]	到 外gwo 去 *go abroad* 下去 *go down* 去nyan *last year*
子 zǐ	**dž** P: (noun suffix)	兒子 *son* 小hái子 *child* jwō子 *table, desk* yi子 *chair*
要 yào	**yàu** V: want, want to AV: going to, expect to, shall, will; want to	要 bǐ *want a pen* 要jin *important* 他 要 dzǒu *he wants to leave*
給 给	**gěi** V: give CV: for, to (for benefit of)	給我 一kwài táng *give me a piece of candy* 給他 dzwòfàn *cook for him*

Jyù子

1. 那wèi 先生 wèn 那個 byǎu 多少 chyán.

2. 中國 話 很 rúngyi 說， kě是 中國 hwà兒 很 nán hwà.

3. Dzwó天 他 到 這個 pù子 來 mǎi dūngsyi, 没給 chyán.

4. 他 說 這個 地方 很 好看， míngnyan 他 hái 要來.

5. 這兒 有 人 sywé 中國 話, 有 人 sywé Ȑběn 話, 也 有 人 sywé Fà國 話.

6. 他 dzwó天 要 給 我 很 多 chyán, 我 没要； jīn天 他 hái 要 給 我, 我 hái 没要.

7. 你 要 gēn Jāng 先生 說話 嗎? Jāng 先生 來了.

8. 他 先生 一個 月 jyòu 給 他 八十多kwài chyán, 你 說 少 不少?

9. Jīn天 有 多少 人 到 那個 地方 去?

10. Li 先生 有 很 多 外國 péngyou， dōu hwèi 說 中國 話.

11. 那個 Fà國 小hái子 yùng 中國 話 gēn 我 說:
    "你 好?"

12. Li Taitai yǐjing 有 三個 很 好看的 màu子 了,
    wèi 甚麽 他 hái 要 mǎi?

13. 那個 shr̀ching, 他 說了 hái 說, 我 yǐjing
    不syihwan tīng 了.

14. 你 說 我 先 給 他 多少 chyán?

15. 那個 È國 人 要 天天 到 這兒 來 sywé 中國
    話.

16. 那個 小hái子 也 要 到 那兒 去 看 一看.

17. 他 說 那wèi 先生 很 syihwan 看 中國 shū.

18. 這個 yǐ子 很 好看, 是 多少 chyán mǎi的?

19. Jīn天 dzǎu上 他 gēn 我 說 他 要 到 中國 去.

20. Li 先生 說 他 要 給 你 多少 chyán?

21. Jāng 先生 說他們的 兒子 很 好看, kě是 他的
    tàitai 說 他們的 nyǔ兒 好看.

22. 那wèi 外國 先生 說的 中國 話 很 不rúngyi
    dǔng.

23. 你 mǎi了 多少 yǐ子? 好看 不好看? 給 我

看看, 好 不好?

24. Li 先生 chǐng 你 到 他 jyā 去. 他 要 給 你
看看 他 hwà的 hwà兒. 他 說 你 不néng 去,
他 到 你 這兒 來.

25. Dzwó天 到 那兒 去的 人 很 多, 也 有 tàitai,
也 有 小jye. Kě是 好看的 少.

26. 他的 nyǔ兒 没來, 兒子 來了. Kě是 shéi 要 看
他的 兒子?

27. 他們 sywésyàu 有 多少 先生? 有 多少 sywé生?
他們 dōu 去 嗎?

28. 我 給 那wèi 先生 dzwò了 很 多 shr̀, kě是
dzwò的 不很 好.

29. 他 yùng Yīngwén 給 我 說了 ji個 Yīng國 gùshr.
我 hái 要 chǐng 他 yùng 中國 話 給 我 說
ji個.

30. 那wèi lǎu先生的 話 tài 多. 我 gēn 他 說, chǐng
他 少 說 一dyǎn兒. 他 有 一dyǎn兒 不gāusyìng.

Gùshr

有 一天 Jāng 先生 gēn Li 先生 說: "你 要 不要

到 fàngwǎn兒 去 chīfàn?" Lǐ 先生 說:"到 哪個 fàn-gwǎn兒?" Jāng 先生 說:"哪個 dōu kéyi. 我 tīng說 那個 È國 pù子 前頭 有 一個 Dé國 fàngwǎn兒. 到 那兒 去, 好 不好?" Lǐ 先生 說:"很 好."

他們 兩個 人 dàu 那個 Dé國 fàngwǎn兒 去了.

在 那個 fàngwǎn兒 裏頭, Jāng 先生 要了 一個 yú. Lǐ 先生 說:"我 甚麼 dōu 不要."

Yú 來了, Jāng 先生 看了 看, gēn Lǐ 先生 說:"我 不syǎng chī, 你 chī ba."

Lǐ 先生 說:"好! 給 我."

Lǐ 先生 chī了 yú, 没給 chyán, 他們 要 dzǒu. Fàn-gwǎn兒裏的 Dé國 人 yùng 中國 話 gēn Lǐ 先生 說:"Nín hái 没給 chyán ne." Lǐ 先生 說:"Yú 不是 我 要的, 我 不néng 給 chyán."

那個 Dé國 人 gēn Jāng 先生 說:"Ching nín 給 我 chyán ba."

Jāng 先生 wèn:"多少 chyán ne?" Dé國 人 說:"八máu五." Jāng 先生 說:"不gwèi. Kě是 我 不-dǔng, 我 甚麼 dōu 没chī, 你 wèi 甚麼 gēn 我 要 chyán?"

SENTENCES IN SIMPLIFIED CHARACTERS

1. 那wèi 先生 wèn 那个 byǎu 多少 chyán.

2. 中国 话 很 rúngyi 说， kě是 中国 hwà儿 很 nán hwà.

3. Dzwó天 他 到 这个 pù子 来 mǎi dūngsyi, 没给 chyán.

4. 他 说 这个 地方 很 好看， míngnyan 他 hái 要来.

5. 这儿 有 人 sywé 中国 话， 有 人 sywé Ṙběn 话, 也 有 人 sywé Fà国 话.

6. 他 dzwó天 要 给 我 很 多 chyán, 我 没要; jīn天 他 hái 要 给 我, 我 hái 没要.

7. 你 要 gēn Jāng 先生 说话 吗? Jāng 先生 来了.

8. 他 先生 一个 月 jyòu 给 他 八十多kwài chyán, 你 说 少 不少?

9. Jīn天 有 多少 人 到 那个 地方 去?

10. Li 先生 有 很 多 外国 péngyou, dōu hwèi 说 中国 话.

Dì 四 Kè

Character	Explanation	Expressions
時 时	**shŕ** BF: time shí	時候 *time*
候	**hòu** BF: period	有(的) 時候 *sometimes*
作	**dzwò** V: do, make, act [act as] Variant form 做 zuò	作fàn *cook (food)* 作măimai的 *businessman*
事	**shŕ** N: business shì	作事 *do things, work* 事ching *thing (in the sense of event, affair)*
錢 钱	**chyán** N: money qián	有錢 *rich* 兩máu 錢 *twenty cents* 七kwài 錢 *seven dollars*

Character	Explanation		Expressions
東 东	**dūng** **dōng**	PW: east (the com- bination 東西 means *thing*)	東西　*thing (in the sense of object, article)*
西 	**syī** **xī**	PW: west (see above)	買 東西　*buy things*
買 买	**mǎi**	V: buy (the com- bination 買賣 means *business*)	買 byǎu　*buy a watch* 買賣　*business, trade*
賣 卖	**mài**	V: sell (see above)	賣shū的　*book seller* 作買賣　*engage in a trade*
想	**syǎng** **xiǎng**	V: think AV: consider, plan to, want to	想想 *think over, think about* 想 一想 *(same as above)* 想 sywé hwàhwà兒 *want to learn to paint*

Character		Explanation	Expressions
用	**yùng** **yòng**	V: use, employ CV: with (using) BF: use (noun)	用 kwàidz chī *eat with chop-sticks* 不用 *no use to* 有用 *useful* 没用 *useless*
些	**syē** **xiē**	NU: plural number M: plural measure	好些 人 *a good many people* 好些個 人 *(same as above)* 這些 *these* 那些 *those* 有些 人 *some people*
都	**dōu**	A: all, both	都 不去 *all are not going* 都 好 *all are well*
對 对	**dwèi** **duì**	SV: right, correct CV: to, towards (facing)	對了 *that's right* 不對 *incorrect* 對 我 hěn 好 *very good to me*
可	**kě**	BF: may; but, how-ever A: indeed, certain-ly	可 yi *may, can* 可是 *but*

Jyù子

1. 他 買了 好些 東西 jyòu dzǒu 了.

2. Li 先生 不在jyā, 我們 都 不用 到 他 那兒
   去了.

3. 你 想 在 甚麼 地方 作事, 可yi 對 我 說.

4. 我 說 你們 兩個 人的 話, 都 不對.

5. 我 jīn天 賣 東西, 賣了 五kwài 錢.

6. 這個 事ching, 我 說可yi 作, 你 可yi 想一想.

7. 他 用了 一kwài 錢 買了 好些 好chī的 東西.

8. 有錢的 人 不一dìng hwèi 作 買賣.

9. 我 jīn天 wǎn上 有事, syàn在 是 甚麼 時候 了?

10. 你 甚麼 時候 要 用 錢, 可yi 對我 說, 不用
    kèchi.

11. 你 買的 那些 東西 都 很 pyányi.

12. 這個 màu子, 我 給 你 五kwài 錢, 你 賣不賣?
    你 想想 ba, 五kwài 錢, 不少.

13. 你 可yi 用 中國 話說, 可是 不一dìng 都 對.

14. 我 有 時候 想買 這個, 想買 那個, 想買

好些 東西, 可是 都 没用.

15. 不néng 作的 事, 你 不用 想; 不néng 作, 想
也是 没用, 你 説 對 不對?

16. 他 那個 pù子, 有 時候 買賣 很 好.

17. 這個 東西 dzěm麼 賣?

18. 我 想 用 這些 錢 都 買 chī的 東西, 你 説
可yi 不可yi?

19. 有些 人 很 syihwan 作事, 可是 不一dìng hwèi 作.

20. 錢, 有 時候 有用, 也 有 時候 没用.

21. 那個 作買賣的 甚麼 時候 來? 我 想 買
一dyǎn兒 東西.

22. 我 想 他 説的 話, 有 時候 對, 有 時候 不對.
可是 他 想 他 説的 都 對.

23. 他 用 好些 錢 買了 這 一dyǎn兒 東西 jēn
没用.

24. 你 míng天 dzǎu上 有 事 没有? 我 想 chǐng 你
到 chéng 裏頭 給 我 買一dyǎn兒 東西.

25. 作 這個 事 很 不rúngyi. 用 時候 用的 很多.
Swóyi 人 都 不ywànyi 作.

26. 我 jīn天 賣了 不少 東西. 可是 都 是 pyányi-
　　 的. Swóyi 一gùng 賣的 錢 不多.

27. 你 說的 很 對. 作買賣 很 有yìsz. 可是 東西
　　 很 不rúngyi 賣. 我 hái是 想 作事 好.

28. 有 好些 東西 他 都 可yi 作. 可是 作了, 有
　　 時候 没有 人 買.

29. 他 想的 都 對; 說的 有 時候 對, 有 時候
　　 不對; 可是 作的 事, 可yi 說, 都 不對.

30. 這些 東西 你 是 用 多少 錢買的? 你 想
　　 賣 嗎? 你 要 多少 錢?

Gù事

　　有 一個 作買賣的, syìng Jāng. 這個 人 很 tsūng-
ming, 也 很 hwèi 作買賣. 他 在 chéng 裏頭 有
一個 pù子, 買賣 很 好.

　　有 一個 syāng下 人, jyàu Li 二, 是 Lǎu Jāng的
péngyou. 有 一天 Li 二 對 Lǎu Jāng 說: "我 想jǎu
dyǎn兒[1] 事作. 我 可yi 不可yi 在 你的 pù子裏 作
一 dyǎn兒 事?" Lǎu Jāng 說: "你 hwèi 賣 東西 麼?"

---

1. Contraction of 一dyǎn兒.

Li 二 說: "不hwèi, 可是 我 可yi sywé." Lǎu Jāng 說: "好, 我 可yi jyāu 你. 你 tīng 我 說, 作買賣 dzwèi 要jǐn的 事, jyòu是 賣 東西. 你 dèi jīdau, 買 東西 的 人 都 想 用 dzwèi 少的 錢, 買dzwèi 好的 東西, swóyi, 你 dèi 對 他們 說 我們的 東西 dzèm麼 好, dzèm麼 pyányi. 可是 有 時候 你 也 可yi 說: '這個 bi, jīn天 賣 五kwài 錢, 下 syīngchī 要 賣 七kwài- bàn.' 也 可yi 說: '這個 jwō子 jēn 好, 我 也 有 一個, yǐjng 用了 八nyan 了.' 也 可yi 說:'這個 màu子, byé的 pù子裏, 賣 十五kwài 錢, 我們 jyòu 賣 九kwài九máu五, jēn pyányi.' 你 hwèi 說嗎?" Li 二 說: "不說 這些 話, syíng 不syíng?" Lǎu Jāng 說: "不syíng. 你 不說, 他們 不買." Li 二 說: "我 想 這個 事 我 不néng 作. 我 去 jǎu byé的 事 ba."

SENTENCES IN SIMPLIFIED CHARACTERS

1. 他 买了 好些 东西 jyòu dzǒu 了.

2. Li 先生 不在jyā，我们 都 不用 到 他 那儿 去了.

3. 你 想 在 什么 地方 作事，可yi 对 我 说.

4. 我 说 你们 两个 人的 话，都 不对.

5. 他 jīn天 卖 东西，卖了 五kwài 钱.

6. 这个 事ching，我 说 可yi 作，你 可yi 想一想.

7. 他 用了 一kwài 钱 买了 好些 好chī的 东西.

8. 有钱的 人 不一ding hwèi 作 买卖.

9. 我 jīn天 wǎn上 有事, syàn在 是 什么 时候 了?

10. 你 什么 时候 要 用钱，可yi 对我 說, 不用 kèchi.

Dì 五 Kè

Character	Explanation	Expressions
吃	chī V: eat chī	吃飯 *eat (meal)* 吃 東西 *eat (something)*
飯 饭	fàn N: food, cooked rice, meal	dzǎu飯 *breakfast* 中飯 *noon meal* wǎn飯 *supper*

請
请
	chǐng V: invite, request;
	        please
	
	<u>Variant form</u> 請
	               qǐng
		請坐 *please be seated*
		請問 *(please) may I ask?*
		請 吃飯 *invite (people)*
		       to dinner

坐	dzwò V: ride on, sit
	       CV: go by
	
	              zuò
		坐下 *sit down*
		坐 chē *ride a vehicle*
		坐 chwán *ride on a boat*
		坐 fēijī *ride on a plane*
		坐 chē 去 *go by train or*
		       bus

問
问
	wèn V: ask, inquire of
	       or about
		byé 問我 *don't ask me*
		問……好 *best regards*
		       to.....

Character	Explanation		Expressions
寫 写	**syě**	V: write	寫字 *write (characters or words)* 寫信 *write a letter*
			xiě
字	**dż**	N: word (written character)	中國字 *Chinese characters* 三個字 *three words*
			zì
學 学	**sywé**	V: study, learn AV: learn to, study how to	學生 *students* 學syàu *school* 學 hwàhwà兒 *learn to paint (pictures)*
			xué
日	**ř**	BF: sun, day	日本 *Japan*
			rì
回 回	**hwéi**	V: return [M: a time, occurrence]	回來 *come back, return(here)* 回 jyā *return home* 回 gwó *return to one's native country*
			huí

Character	Explanation		Expressions
會 会	**hwèi** *huì*	AV: can, know how to, would	會 shwōhwà *know how to talk (in the sense of being eloquent)* 會 作事 *know how to work (capable)*
能	**néng**	AV: can, be able to	不能 去 *cannot go* 能 買 *can buy*
本	**běn**	M: volume (books) [BF: original]	日本 *Japan* 十本 shū *ten books*
就	**jyòu** *jiù*	A: only, just, then, [at once]	就 有 一máu chyán *only have ten cents* 吃了 飯 就 去 *will go right after eating*
以	**yǐ**	BF: 可以 (may) swó 以 (therefore)	可以 *may* swó 以 *therefore*

Jyù 子

1. Míng天 wǎn上, 有 人 請 我 吃 wǎn飯.

2. 我 不能 到 學syàu 去, 我 děi 回 jyā.

3. 他 問 我, 那本 shū 裏頭, 有 一個 日本 字,
   是 shéi 寫的?

4. 他 說: "請 坐下 寫 ba." 我 就 坐下了.

5. 那個 syāng下 人 不會 寫 syìn, swó以 他 請
   那個 學生 tì 他 寫.

6. 我 問 他 吃了 飯 了 没有, 他說: "没吃 ne,
   你 請 我 嗎?"

7. 他 到 學syàu 寫了 ji個 字, 就 回去了.

8. 那個 syìn, 我 不是 不會 寫, 也 不是 不能
   寫, 就是 不ywànyi 寫.

9. 你 到 學syàu, 請 你 tì 我 問 Jāng 先生 好.

10. 他 說: "請問, 這個 日本 字 是 甚麼 yìsz?"

11. 我 想 míng 天 請 他 吃飯, 請 你 tì 我 問問
    他 能 去 不能.

12. 請問, tsúng 這兒 到 Jyòujīnshān, 坐 hwǒchē, děi

用 jǐ 天?

13. 那個 學生 天天 吃了 飯, 就 寫字, 寫了 字
就 回 jyā.

14. 他 用 日本 話 對 我 說: "請坐 ba."

15. 到 那個 地方 去, 可以 坐 chē, 也 可以 坐
chwán.

16. 會寫 日本字 的 人, 都 會 寫 中國 字 嗎?

17. 你 能 吃了 飯, 不到 byé的 地方 去, 就 回-
來 嗎?

18. 他 請 我 到 他 jyā 去 吃飯, 可是 我 不能 去.

19. 我 要 回去了, nín 有 gūngfu 請 到 我 jyā 去
wán兒. Dzàijyàn.

20. Míng天 有 人 請 我 吃 日本 飯; swó以 我 不-
能 到 你 jyā 去.

21. 這本 日本 shū 是 shéi 寫的? 我 問了 三個
日本 人. 他們 都 說 不jīdàu.

22. 那天 我 問 他 說: "請 nín gàusung 我 學syàu-
的 syàu 字 dzěm麼 寫." 他 說 他 不會
寫. 我 syǎng 他 不能 不會 寫.

23. 飯 yijing 好了. 我們 吃 好 不好? 請坐, 請坐.

24. 你 會 寫 中國 字 不會? 不會 可以 學. 對
    不對?

25. 你 能 吃 就 多 吃 一dyǎn兒. 不能 吃, 就 少
    吃 一dyǎn兒.

26. 你 甚麼 時候 回來 吃飯? 吃了 飯, 請 你
    給 我 寫 ji個 字, 好 不好?

27. 他 就 會 寫 一個 日本 字, 是 gēn 一個 日-
    本 人 學的.

28. 我 請 他 坐下, gēn 他 說: "我 要 問 nín
    一dyǎn兒 事ching, nín 可以 不可以 gàusung 我?

29. 我 吃了 飯 就 děi 上學. 我 syǎng wǎn上 可以
    回來.

30. 我 問 那個 日本 人 說: " '請坐', 日本 話
    dzěm麼 說?" 他 不gàusung 我.

Gù事

有 一個 中國 人, syìng Jāng. 有 一nyán, 他的
一wèi 日本 pengyou 請 他 到 日本 去 看看. 他
不會 說 日本 話, swó以 他 要 gēn 他 péngyou 學.

可是 他 péngyou gén 他 說:"到 日本 去, 不能
說 日本 話 不要jin. 你 可以 用 bǐ 給 他們 寫
中國 字, 日本 人 都 dǔng."

　　在 日本 有 一天 那wèi Jāng 先生 到 一個
日本 飯gwǎn兒 去 吃飯. 他 坐下了, 飯gwǎn兒裏-
的 人 就 問 他 要 甚麼. 他 想 吃 一wǎn 飯,
hē 一dyǎn兒 tāng. 他 就 在 jǐ上 寫了 一 個『飯』
字, 一個 "tāng" 字. 可是 他 不jǐdàu "tāng" 字
在 日本 是 shwěi的 yìsz. Swó以 那個 飯gwǎn兒-
裏的 人 就 給了 他 一wǎn 飯, 一wǎn shwěi. 他
吃了 飯, hē了 shwěi, 就 回去了.

　　後來 他 chángchang gēn 人 說:"日本 飯 不-
tswò, 可是 日本 tāng 不tài 好hē.

SENTENCES IN SIMPLIFIED CHARACTERS

1. Míng天 wǎn上, 有 人 请 我 吃 wǎn饭.

2. 我 不能 到 学syàu 去, 我 děi 回 jyā.

3. 他 问 我, 那本 shū 里头, 有 一 个 日本 字, 是 shéi 写的?

4. 他 说: "请 坐下 写 ba." 我 就 坐下了.

5. 那个 syāng下 人 不会 写 syìn, swó以 他 请 那个 学生给他 写.

6. 我 问 他 吃了 饭 了 没有, 他说: "没吃 nc, 你 请 我 吗?"

7. 他 到 学syàu 写了 ji个 字, 就 回去了.

8. 这个 syìn, 我 不是 不会 写, 也 不是 不能 写, 就是 不ywànyi 写.

9. 你 到 学syàu, 请 你 tì 我 问 Jāng 先生 好.

10. 他 说: "请问, 这个 中国 字 是 什么 yìsz?"

Dì 六 Kè

Character	Explanation	Expressions
朋	**péng**　BF: friend	朋友 *friend*
友	**yǒu**　BF: friend	朋友 *friend*
意	**yì**　BF: meaning, intention; Italy	意sz　*meaning* 有意sz　*interesting* 没意sz　*uninteresting, dull* ywàn意　*wish to, willing to*
幾 几	**jǐ**　NU: several; how many? (expecting only a few in the answer)	幾個人?　*how many people, (assuming less than ten)?* 好幾個　*quite a few* 十幾kwài chyán　*ten-odd dollars*
半	**bàn**　NU: half	半kwài chyán　*half a dollar* 三kwài半　*three dollars and a half* 半天　*half a day, a long while*

Character		Explanation	Expressions
百	**bǎi**	NU: hundred	九百本 *900 volumes* 六百個 人 *600 people*
點 点	**dyǎn** **diǎn**	BF: a little [M: for hour]	一點兒 *a little bit*
叫	**jyàu** **jiào**	V: call (someone) is called, named CV: tell, order; let; [by]	byé 叫 他 *don't call him* 叫 甚麼? *what is (it) called?* 叫 你 去 *tells you to go* byé 叫 他 吃 *don't let him eat*
聽 听	**tǐng**	V: listen	聽說 *hear it said* 聽 gù事 *listen to a story* 好聽 *good to listen to*
走	**dzǒu** **zǒu**	V: walk; go, leave [go by way of; go (of watches, car, etc.)]	都 走了 *all went* 走 一走 *take a walk*

Character	Explanation		Expressions
現 现	**syàn** xiàn	BF: present	現在 *now*
早 zǎo	**dzǎu**	SV: early [A: ago, sometime since]	早飯 *breakfast* 早上 *morning*
老 lǎo	**lǎu**	SV: old (in years) [A: always, keep on]	老了 *has aged* 老tàitai *old lady*
爲 为	**wèi;** [**wéi**]	BF: for; [to be, to do]	爲 甚麼? *why?* yīn 爲 *because*
還 还	**hái;**	A: still, yet, again	還 有 *still have (some)* 還 要 去 *still want to go, going again*

Jyù子

1. 現在 我 那 幾wèi Fà國 朋友 都 yìjing 走了.

2. 你 爲 甚麼 不叫 他 kwài 一點兒 走? Kwài
   一點兒 到, 不好 嗎?

3. 我 還 想 請 那wèi 老先生 給 我 說 gù事,
   聽 他的 gù事, jēn 有意sz.

4. 我 聽說 那個 老 fáng子 yìjing 有 好幾百nyán
   了.

5. 我們 走了 還 没有 一半 ne, 我 yìjing 有
   一點兒 lèi了, 我們 叫 一個 chìchē ba.

6. 你 聽 我 說, 這 幾天 事ching máng, 請 你
   天天 早上 多 作 一點兒 事, 可以 不可以?

7. 我 gēn 他 說了 半天, 可是 我的 意sz 他
   一點兒 都 没dǔng.

8. 好 朋友 不用 多, 朋友 多, 都 對 你 不好,
   有 幾百 也 没用.

9. 現在 請 你 說說, 我 聽聽. 爲 甚麼 那個
   時候 你 不ywàn意 gēn 我 一kwài兒 走?

10. 我 叫 他 màn 一點兒 走. 我 gēn 他 說了

半天, 他 不聽.

11. 我們 是 老朋友, 你 爲 甚麼 還 kèchi?

12. 買 那些 東西, 一gùng děi 一百多kwài 錢. 你 有 六十幾kwài 錢, 就 能 買 一半.

13. 我 不ywàn意 去, 可是 老 Jāng 一dìng 叫 我 去. 我 想 我 還是 不去.

14. 我 叫 他們 kwài 一點兒 來, 他們 幾個 人 都 說 吃了 早飯 一會[1]兒 就 來, 爲 甚麼 現在 還 不來?

15. 我聽 你 說的 那個 意sz 是 要 叫 他 在 這-兒 jù 幾天, 是 不是?

16. 那天 我 朋友 在 那兒 chànggē兒, 有 八百多 人 聽.

17. 我 現在 還 有 二百五十kwài 錢, 買 甚麼 chìchē 都 不gòu,

18. 我 ywàn意 有 幾個 老朋友 在 一kwài兒 tán 一tan.

19. 你 爲 甚麼 要 現在 走? Míng天 早上 走,

1. Pronounced *hwěi* in the combination *yì-hwěi-er*.

不好 嗎?

20. 我 yīn爲 還 沒吃飯 ne, swó以 聽 他 說了
    一半 就 走了.

21. 我 還 想 請 幾wèi 老朋友 到 我 jyā 來 tán-
    tan. 我 要 聽聽 他們 幾wèi 對 這個 事 有
    甚麽 意sz.

22. 不jrdàu 爲 甚麽 那wèi 老先生 說 那 幾jyù 話.
    說了 半天, 我 也 不dǔng 他 是 甚麽 意sz.

23. 他 叫我 現在 就 走. 我 不ywàn意 現在
    走. 我 syǎng 吃了 早飯 tán 幾jyù 話.

24. 他 給 他的 朋友 好幾百kwài 錢, 叫 他 現-
    在 就 走, 可是 他 一dìng 不現在 走.

25. 那個 人的 話 jēn 沒意sz. 我 聽了 一點兒,
    就 不ywàn意 聽了, Swó以 就 走了.

26. Jīn天 早上的 早飯 我 吃了 一半兒, 就 有
    朋友 來了. Yīn爲 有 事, swó以 沒dzài 吃.

27. 現在 他 yǐjing 吃了 早飯 了, 你 爲 甚麽 還
    不叫 他 走?

28. 去nyan 他 chànggē兒, 有 幾百 人 聽. 爲 甚麽
    現在他 chànggē兒 的 時候, 人就 都 走了?

29. 還是 這 幾wèi 老朋友 在 一kwài兒 hē 一點-
兒 jyǒu 有 一點兒 意sz.

30. 我 叫 你 來, 叫了 半天 了, 你 爲 甚麽 不-
來? 我 說話, 你 爲 甚麽 不聽?

Gù事

有 一個 人 syìng Jàu. 人 都 叫 他 老 Jàu. 老
Jàu ài chànggē兒. 他 chànggē兒 的 時候, ywàn意 有
很 多 人 聽.

有 一天 早上, 老 Jàu 在 jyē上 jàn在 一 jāng
jwō子上, gēn 很 多的 人 說: "我 想 人人 都
jr̄dau 我 會 chànggē兒. 我 也 jr̄dau 有 很 多的 朋友
都 syihwan 聽 我 chàng. 現在 我 要 chàng 幾個
dzwèi 好的 gē兒, 請 你們 聽 一聽." 他 還 說-
了 很 多 byé的 話. 說了 半天. 他 說話 的 時-
候, 聽的 人 jēn 不少, 有 一百多 人.

後來 他 就 chàng. Chàng了 一點兒, 人 就 都
走了. 就 有 一個 人 沒走. 老 Jaù gēn 那個 人
說: "先生, 我 chàng的 gē兒 就是 你 一個 人
dǔng. 他們 都 不dǔng, swó以 都 走了."

那個 人 說: "你 chàng的 gē兒 我 也 不dǔng.
我 没走, yīn爲 這jāng jwō子 是 我的."

SENTENCES IN SIMPLIFIED CHARACTERS

1. 现在 我 那 几wèi 中国 朋友 都 yijing 走了.

2. 你 为 什么 不叫 他 kwài 一点儿 走? Kwài
   一点儿 到, 不好 吗?

3. 我 还 想 请 这wèi 老先生 給 我 说 gù事,
   听 他的 gù事, jēn 有意sz.

4. 我 听说 那个 老 fáng子 yijing 有 好几百nyán
   了.

5. 我们 走了 还 没有 一半 ne, 我 yijing 有
   一点儿 lèi了, 我們 叫 一个 chìchē ba.

6. 你 听 我 说, 这 几天 事ching máng, 请 你
   天天 早上 多 作 一点儿事, 可以 不可以?

7. 我 gēn 他 说了 半天, 可是 我的 意sz 他
   一点儿 都 没dǔng.

8. 好 朋友 不用 多, 朋友 多, 都 对 你 不好,
   有 几百 也 没用.

9. 现在 请 你 说说, 我 听听. 为 什么 那个
   时候 你 不ywàn意 gēn 我 一kwài儿 走?

第七Kè

Character	Explanation		Expressions
父	**fù**	BF: father	父母 *parents*
母	**mǔ**	BF: mother	母親 *mother*
親 亲	**chīn**	BF: parents	父親 *father*
	qīn		
家	**jyā**	N: home, family	家裏 *in (one's) home* 回家 *return home* 不在家 *not at home* Jàu家 *the Jàu family, the Jàus'*
	jiā		
塊 块	**kwài**	M: piece, lump, measure for dollars	兩塊 táng *two pieces of candy* 一塊兒 *together* 四塊錢 *four dollars*
	kuài		

Character	Explanation	Expressions
今	**jīn** BF: present (day, year)	今天 *today* 今nyan *this year*
明	**míng** BF: tomorrow, [clear]	明天 *tomorrow* 明nyan *next year*
昨	**dzwó** BF: yesterday zuó	昨天 *yesterday*
晚	**wǎn** BF: evening [SV: late]	晚上 *evening* 晚飯 *supper*
姓	**syìng** N: surname V: be surnamed xìng	gwèi姓? *Your (honorable) (sur)name?* 我 姓 Jāng *My (sur)name is Jāng*

Character	Explanation		Expressions
念	**nyàn** niàn	V: study, read aloud	念書 *to study* 不念書 *does not study*
書 书	**shū**	N: book	買 書 *buy books* 中國 書 *Chinese books* 六本 書 *six books*
住	**jù** zhù	V: live, stay	在 學syàu 住 *live at school* 住在 哪兒? *where (does he) live?*
第	**dì**	P: (ordinalizing prefix to numbers)	第一 *first* 第四天 *the fourth day*
所	**swǒ** suǒ	BF: 所以 (therefore)	所以 *therefore*

Jyù子

1. 他 不gēn 他 父母 在 一塊兒 住 嗎? 他 住-
   在 哪兒?

2. 昨天 晚上 有 一個 姓 Jāng 的 住在 我們
   家裏 了.

3. 那天 晚上 他 父親 給了 他 五塊 錢. 第二-
   天 他 就 都 買了 書 了.

4. 今天 我 家裏 有事, 沒 gūngfu, 所以 děi
   明天 去.

5. 那個 書 他 yǐjing 念到 第三本 了.

6. 我 母親 不叫 我 在 他們 家 住, 所以 我
   昨天 晚上 不能 不回 家.

7. 今天 我們 念 第幾kè?

8. 他 父親 母親 昨天 晚上 都 沒在 家.

9. 今天 那個 姓 Jàu 的 來了, 你 沒在 家. 他
   說 他 明天 晚上 來.

10. 我 昨天 晚上 有事, 沒能 念書, 所以 今-
    天 早上 先生 問 我, 我 一dìng 不會.

11. 昨天 是 我 第--天 念 中國 書.

12. 他 父親 gēn 他 母親 說: "明天 我們 一塊-
兒 到 Jāng家 去 看看, 好 不好?

13. Yīn爲 他 母親 没回 家, 所以 今天 他 父親
作 晚飯.

14. Nín gwěi姓? 在 哪兒 住? 家裏 有 甚麽 人?
父親 母親 都 好 ba? 小hái子 都 念書 了
嗎?

15. 我 想 去 看看 Jāng 先生, 想了 好幾天 了.
昨天 要 去, 有 事, 没去. 今天 還 不能
去. 不jrdàu 明天 能 不能 去?

16. 下個 月 第二個 syīngchī 没 事, 所以 我 想
那個 時候 到 他 家 去 住 幾天.

17. 母親 說 我 yīngdāng 天天 早上 念書, 晚上
寫字.

18. 我 是 念書 第一, 寫字 第二; 你 是 念書
第二, 寫字 第三.

19. 這 兩本 書 是 我 昨天 晚上 買的, 兩本
書, 一塊 錢, 你 說 pyányi 不pyányi?

20. 我 父母 都 不在 家, 一會兒 就 回來. nín
請 jìn來 坐坐 ba!

21. 我 父親 叫 我 今天 早上 念書. 我 母親
   叫 我 明天 晚上 寫字. 我 jēn mángjí 了.

22. 我 昨天 晚上 gēn 一wèi 姓 Jāng 的 朋友 在
   一塊兒 念書. 念了 半天, 我們 都 不dǔng.

23. Jāng家 現在 住在 甚麼 地方? 我 父母 叫 我
   到 他們 家 去 看看.

24. 第一本 書 我 yìjing 念了. 可是 第二本 我
   還 没買 ne. 所以 今天 晚上 我 děi 去
   買 去.

25. 我 去nyan 到 中國 去的 時候, 是 gēn 我
   父母 一塊兒 去的.

26. 他 昨天 在 Li家, 今天 到 我們 家 來, 明天
   到 那wèi 姓 Jāng 的 家 去.

27. 他 在 我們 家 住. 可是 昨天 晚上 他 没-
   回來. 今天 他 到 甚麼 地方 去了, 我 也
   不jīdàu.

28. 昨天 晚上 我 父親 給了 我 兩塊 錢, 叫 我
   今天 早上 去 給 他買 一本 日本 書.
   我 母親 說 兩塊 錢 不gòu. 所以 他 yòu
   給了 我 一塊.

29. 我 在 他們 家 住的 時候, 第一天 很 好. 第二天 也 不tswò, 可是 第三天 他 父母 都 來了, 所以 我 就 走了.

30. 昨天, 今天 我 都 děi 在 家裏 念書. 明天 晚上 我 gēn 一個 姓 Li 的 朋友 到 他們 家 去 wán兒, 在 他們 家 住 兩天.

Gù事

有 一個 姓 Jāng 的 小 nánhái子, 在 學syàu裏 上學. 可是 他 一點兒 也 不syihwan 念書.

他 家裏 很 有錢. 他 沒有 gēge, 沒有 dìdi, 也 沒有 jyějye, 也 沒有 mèimei, 所以 他 父母 都 很 ài 他.

他們 住在 syāng下. 他 父親 天天 jìnchéng 做-事. 他 天天 叫 他 在 chéng 裏頭 給 他 買 一點兒 東西. 他 晚上 gēn 他 父親 說, 他 父-親 第二天 就 給 他 買了 dài回來. 今天 要 這-個, 明天 要 那個, 他 要的 東西 多jí了.

有 一天 Jāng 先生 在 一個 pù子裏 用了 十五-塊 錢, 買了 一個 bǐ. 賣東西的 人 問: "這個 bǐ jēn 好. 是 nín 用, 是 給 byé人 買?" Jāng 先生

說:"是 給 我 小hái子 買的." 賣東西的 人
說:"Hē,* 小hái子 用 十五塊 錢的 bi! Nín 給了
他, 他 一dìng syihwanjí 了." Jāng 先生 說: "不-
一dìng.   他 昨天 晚上 gēn 我 說, 叫 我 今天
給 他 買 一個 syīn chìchē." * interjection expressing surprise
                                                    — Oh!   呵！

SENTENCES IN SIMPLIFIED CHARACTERS

1. 他 不gēn 他 父母 在 一块儿 住 吗？ 他 住-
   在 哪儿？

2. 昨天 晚上 有 两个 姓 Jāng 的 住在 我们
   家里 了.

3. 那天 晚上 他 父亲 给了 他 五块 钱. 第二-
   天 他 就 都 买了 书 了.

4. 今天 我 家里 有事, 没 gūngfu, 所以 děi
   明天 去.

5. 那个 书 他 yijing 念到 第三本 了.

6. 我 母亲 不叫 我 在 他们 家 住, 所以 我
   昨天 晚上 不能 不回 家.

7. 今天 我们 念 第几kè?

8. 他 父亲 母亲 昨天 晚上 都 没在 家.

第八Kè

Character	Explanation	Expressions
知 zhī	**jī**　　BF: know	知道 *know*
道 dào	**dàu**　　BF: 知道 (know)	不知道 *don't know*
門 门 mén	**mén**　　N: door	大門 *main gate or door* 前門 *front door* 後門 *back door* 門 外頭 *outside the door*
鐘 钟 zhōng	**jūng**　　N: clock	鐘byǎupù *clock and watch shop* 大 鐘 *big clock*
年 nián	**nyán**　　M: year	年年 *every year* 去年 *last year* 今年 *this year* 明年 *next year* 有 一年 *a certain year* 十年 *ten years*

Character	Explanation	Expressions
出	chū V: exit (out)	出來 come out 出去 go out 出門 go out (of the house) 出國 go abroad
起 qǐ	chǐ V: rise, get up	起來 get up
等	děng V: wait, wait for	等 一會兒 wait for a while 等着 waiting byé 等 我 don't wait for me
把	bǎ CV: (brings object to front of verb)	把 bi ná起來 pick up the pen
從 从 cóng	tsúng CV: from	從 他 家 來 came from his house 從 這兒 到 那兒 from here to there

Character	Explanation	Expressions
快 *kuài*	**kwài** SV: be quick, fast A: quickly, soon	很 快 *very fast* 快 走 *go quickly* 快chē *express (train)*
慢 *màn*	**màn** SV: be slow A: slowly	慢chē *local train* 慢 吃 *eat slowly*
又 *yòu*	**yòu** A: again (completed action)	又 來了 *came again*
再 *zài*	**dzài** A: again (prospective action); still	再jyàn *goodbye!* 請再 來 *please come again*
着	**je** P: (verb suffix, **zhe** indicating continuance) [jāu] [BF: be worried, get excited (in *jāují*) **zhāo** [jáu] [PV: (indicates success in attaining object of the action)]**zháo**	坐着 *sitting* 等着 *waiting*

Jyù子

1. 把 這個 大 鐘 fàng在 那個 門 後頭, 你 說
   好 不好?

2. 他 又 吃了 一塊 táng, 等 一會兒 我 也 再
   吃 一塊.

3. 我 dzěm麼 知道 他 要 出去?

4. 他 年年 從 外國 回來的 時候, 把 書 都
   dài回來.

5. 我 走的 很 慢, 小hái子們 pǎu的 很 快, 可-
   是 他們 到了, děi 等着 我.

6. 請 你 bāng着 我 把 那個 大 鐘 bān起來.

7. 他 出去了, 我們 在 門 外頭 等 他 一會兒
   ba.

8. 他 又 買了 一個 màu子, 我 不能 再 給 他
   錢 了. 我 再 給 他 錢, 等 一會兒, 他
   還 買.

9. 我 不知道 他 從 甚麼 地方 來.

10. 我 去 jyàn 他 的 時候, 他 出來的 很 慢. 我
    等了 半天. 他 一dìng 是 不ywàn意 jyàn 我.

11. Chwán 走的 很 快. 去年 我 出國 的 時候, 從 上hǎi 到 Nyǒuywē 就 走了 十五天.

12. 你 在 門外頭 等着 我, 我 一會兒 就 出來.

13. 這個 鐘 tài 快. 不用 máng, 我們 可以 等 一會兒 再 走.

14. 我 不知道 他 又 出門 了 没有.

15. 你 快 把 這些本 書 ná起來 ba.

16. 我 sùng 他 出了 大門, gēn 他 說:"請 慢 走 ba. 有 gūngfu 再 來 wán兒. 再jyàn."

17. 那個 fēijī fēi起來 了, fēi的 很 快.

18. 他 說:"我 不dǔng, 請 你 再 慢 一點兒 說."

19. 那個 鐘 不對, 我們 快 一點兒 走 ba. 不要 叫 byé人 等着 我們.

20. 我 把 那個 yi子 從 wū子 裏頭 bān出來了.

21. 等 我 把 他 叫起來, 問問 他 知道 不知道.

22. 這個 鐘 tài 快, 那個 鐘 tài 慢. 哪個 對? 我 不知道.

23. 他 從 這個 門裏 出來的 時候, bān着 一個 大 鐘, 走的 很 慢.

24. 他 年年 三月 從 那個 地方 來. 今天 是
三月 二hàu 了. 我 想 這 一兩個 syīngchī
他還 děi 來.

25. 請 你 快 一點兒 把 門 gwān 上.　　慢了 他
就 jìn 來了.

26. 他 說 他 甚麼 都 知道. 我 問 他 今年 是
一九八幾, 他 說, "你 等 我 想想". 想了
半天, 他 說: "我 有 點兒 事, 對不起,
我 děi 出去了."

27. 你 知道 不知道 我 等了 他 好幾年 了. 他
再 不回來, 我 就 把 東西 都 賣了, bān到
byé的 地方 去 住 去了.

28. 你 爲 甚麼 不把 這個 大 鐘 從 這兒 bān-
出去? fàng在 門 那兒, 不好 嗎?

29. 他 寫的 很 慢 也 不好. 你 等 我 回來, 我
給 你 寫, 好 不好? 我 寫的 很 快.

30. 你 看着, 等 一會兒 我 起來, 我 就 把 這-
個 màu子 給 他 dài在 頭上.

Gù 事

有 一年, 我 bān 家. 我家裏的 東西 很 多, 所-以 我 請了 幾個 朋友 bāng 着 我 bān. 有 一個 朋友 有 chìchē. 用 chìchē bān 很 快.

我 有 一個 大 鐘, 是 我 父親 給 我 的. 那個 鐘 我 没有 叫 他們 bān. 我 gēn 他們 說: "Syèsye 你們 bāng 我的 máng. 這個 鐘, 等 一會-兒 我 bān ba." 他們 就 把 byé 的 東西 都 bān-走了.

後來 我 一個 人 把 那個 大 鐘 從 lóu 上 bān 到 lóu 下, 從 門 裏頭 bān 到 門 外頭. 那個 鐘 很 大, jēn 不 rúngyi bān. Bān 起來, 也 不 rúngyi 走. Bān 了 半天, 我 把 鐘 bān 出去了. 在 jyē 上 我 走 一會兒, 把 鐘 fàng 下 一會兒, 再 bān 起-來, 再 走. 走的 很 慢.

那個 時候 有 一個 人 看着 我 bān. 他 看 我 把 鐘 bān 起來 走了 一會兒, fàng 下了, 又 bān 起-來 走, 又 fàng 下了. 他 看了 半天. 後來 他 對 我 說: "先生, 先生, 我 想 問 nín 一點兒 事." 我 說: "Nín 有 甚麼 事 ching, 說 ba!" 他 說:

"我 不知道 nín 爲 甚麼 不買 一個 shǒubyǎu?"

SENTENCES IN SIMPLIFIED CHARACTERS

1. 把 这个 大 钟 fàng在 那个门 后头， 你 说
   好 不好?

2. 他 又 吃了 一块 táng， 等 一会儿 我 也 再
   吃 一块.

3. 我 dzěm么 知道 他 要 出去?

4. 他 年年 从 外国 回来的 时候， 把书 都
   dài回来.

5. 我 走的 很 慢，小hái子们 pǎu的 很 快， 可-
   是 他们 到了, děi 等着 我.

6. 请你 bāng着 我 把 那个 大 钟 bān起来.

7. 他 出去了， 我们 在 门 里头 等 他 一会儿
   ba.

8. 他 又 买了 一个 màu子， 我 不能 再 给 他
   钱 了. 我 再 给 他 钱, 等 一会儿， 他
   还 买.

9. 我 不知道 他 从 什么 地方 来.

10. 我 去 jyàn 他 的 时候， 他 出来的 很 慢. 我
    等了 半天. 他 一dìng 是 不ywàn意 jyàn 我.

第九Kè

Character	Explanation	Expressions
情 qíng	**chíng** BF: 事情 (thing, in the sense of affair, event)	事情 *thing, (in the sense of affair, event)*
思 sī	**sz̄** BF: 意思 (meaning)	意思 *meaning* 有意思 *interesting* 没意思 *uninteresting, dull*
位 wèi	**wèi** M: (polite for persons)	這位 先生 *this gentleman* 那位 太太 *that lady (married)*
件 jiàn	**jyàn** M: (for article, piece, item)	兩件 事情 *two things (in the sense of event)* 四件 東西 *four things (in the sense of articles)*
別 bié	**byé** AV: don't (imperative, from 不要) BF: other	別去 *don't go* 別走 *don't leave* 別人 *others* 別的 *other...*

Character	Explanation	Expressions
星 xīng	**syīng** BF: 星期 week.	星期天 *Sunday* 星期日
期 qī	**chī** BF: 星期 week	三個星期 *three weeks*
拿	**ná** V: take, carry (smaller articles)	拿起來 *pick up* 拿走 *take away* 拿東西 *take or carry things*
愛 爱	**ài** V: love AV: like to or love to	我愛你 *I love you* 愛念書 *love to study*
進 进	**jìn** V: enter (in)	進來 *come in* 進去 *go in* 進 chéng *go into the city* bān進來 *move (it) in*

Character	Explanation	Expressions
行 xíng	**syíng** SV: be satisfactory, all right, "can do"	行 不行? *O.K. or not?* 不行 *won't do* 這個 行 ma? *is this all right?*
送 sòng	**sùng** V: send, deliver (things); escort; see off; present or give (as a gift)	送 syìn *deliver a letter* 送 一送 *see one (to the door, to one's home, etc.)* 送 朋友 *seeing a friend off* 送 他 回家 *see him home* 送給 你 *give (it) to you*
貴 贵 guì	**gwèi** SV: be expensive BF: honorable	不太 貴 *not too expensive* jēn 貴 *really expensive* 貴姓? *Your (honorable) (sur)name?*
太 tài	**tài** A: too, excessively BF: 太太 married woman, wife; Mrs.	太 多 *too much* 太太 *Mrs.; wife*
因	**yīn** BF: because (of), for	因爲 *because*

Jyù子

1. 這件 事情 星期一 作, 行 不行?

2. 因爲 東西 太貴, 所以 我 想 送給 他 一點-
   兒 錢.

3. 那位 先生 說 他 送 他的 太太 進 chéng. 我
   想 他 還 有 別的 意思.

4. 那個 小hái子 愛 拿 別人的 東西. 不知道 是
   因爲 甚麽?

5. 有 一件 事情, 我 想 gēn 你 tántan. 你 星期-
   幾 有 gūngfu?

6. 先 別 叫 他們 進來, 等 我 把 東西 拿起-
   來, 再 請 他們. 你 知道 我的 意思 嗎?

7. 因爲 那位 太太 不愛 吃 中國 飯, 所以 我-
   的 意思 是 我們 進 chéng 到 飯gwǎn兒 去
   吃 去.

8. 星期四 我 事情 太多. 我們 星期五 早上
   走, 行 不行?

9. 他 送給 我 的 那件 東西 很貴.

10. 請 你們 四位 把 這 幾件 東西 拿進去 ba.

11. 他 說的 那件 事 太 没意思， 所以 我 jēn 不愛 聽.

12. 因爲 wū子 裏頭 没 地方，所以 別 把 這個 大 鐘 bān進去.

13. 你 星期五 不進 chéng，不行 嗎？ 星期六 我 可以 送 你 去.

14. 別人 都 說 那個 pù子的 東西 貴，可是 那一位 小jye 說，很 pyányi.

15. 我 把 那位 太太 送到 家，就 回來了.

16. 我 再 拿 一件 別的 東西 ba.

17. 那位 太太 說的 那件 事情 jēn 有意思.

18. 因爲 他 星期天 没有 甚麼 事情，所以 cháng 愛 請 幾位 朋友 到 他 家 去 吃飯.

19. 他 dzwèi 愛 看 這本 書. 請 你 別 拿走.

20. 別坐 hwǒchē 去，坐 fēijī 好. 坐 fēijī 也 不太 貴.

21. 我 要 送 那位 先生 一件 東西，可是 這件 太 貴，不行. 我 děi 再 去 jǎu 一件 別的.

22. 這個 星期天 我 没有 甚麼 事情， 你 可以

把 你的 hwà兒 拿來 給 我 看看.

23. 他的 意思 是 你 dzwěi好 請 一位 別的 朋-
友 作 那件 事情. 他 因爲 事情 太 máng,
没 gūngfu 作.

24. 他 愛 在 星期天 早上 kāi chìchē 進 chéng, 他
說 星期天 早上 kāi chìchē 很 有意思, 因-
爲 lù上 chē 少.

25. 你 不bì 送 別人 太 貴的 東西. Dzwěi好 是
送 有用的 東西. 因爲 有的 東西 很 貴,
可是 没用.

26. 你的 意思 是 星期幾 進 chéng 拿 錢 去? 我
星期幾 都 行. 就是 別 在 星期三.

27. 這件 事情 我 很 愛 作. 因爲 很 有意思.
不ywàn意 叫 別人 作.

28. 那位 小jye 送 我 的 那件 東西 很 貴, 可是
我 不太 syíhwan. 因爲 他的 意思 很 好,
所 以 我 也 說 syèsye.

29. 你 爲 甚麼 愛 拿 別人的 東西. 不是 別人
送給 你 的 東西, 你 不能 拿. 你 要 拿
也 行, 可是 你 děi gàusung 他.

30. 下星期 我 kāi chìchē 送 你 進 chéng ba. 坐 hwǒchē 太 貴, 一個 人 坐 chē 也 没意思.

Gù事

有 一個 學生, 住在 一個 別人的 家 裏頭. 那個 fáng子 很 大, 住着的 人 很 多. 他 前頭 wū子裏 住着 一位 先生, 姓 Jāng, Jāng 先生 syǐhwan chànggēr. 他 後頭 wū子裏 住着 一位 先生, 姓 Li, Li 先生 愛 請 人 到 他 家裏 hē jyǒu. Jāng 先生 天天 chànggēr, Li 先生的 家裏, 天天 有 人 hē jyǒu, tán話, 那個 學生 一點兒 書 都 不能 念.

有 一天 那個 學生 把 Jāng 先生 Li 先生 都 請來了, gēn 他們 說: "你們 兩位 請 進來, 有 一件 事情, 我 想 gēn 你們 tántan. 你們 兩位, 一位 愛 chànggēr, 一位 愛 請 朋友 hē jyǒu. 我 知道 chànggēr gēn hē jyǒu 都 很 有意思, 可是 對 我 念書 不太 好. 我 想 gēn 你們 兩位 說, 我 要 送 你們 兩位 一點兒 錢, 請 你們 bān 家. 不知道 可以 不 可以?"

Jāng 先生 說: "因爲 現在 fáng子 很 nán jǎu,

別的 fáng子 也 都 太 貴, 所以 我們 bān 家 很 不rúngyi; 可是 nín 想 給 多少 錢 ne?"

那個 學生 說:"我 想 送 你們 兩位, 一個 人 五十塊 錢, 行 不行?"

Li 先生 說:"nín 等 我們 想 一想 ba."

第二天 Jāng 先生 gēn Li 先生 又 來了, gēn 那個 學生 說:"我們 下星期 就 bān. 請 nín 把 錢 給 我們 ba." 他們 兩個 人 拿着 錢, 就 走了.

第三天, 他們 兩個 人 都 bān 家了. 可是 Jāng 先生 bān到 Li 先生的 wū子裏 去了, Li 先生 bān-到 Jāng 先生的 wū子裏 去了.

SENTENCES IN SIMPLIFIED CHARACTERS

1. 因为 东西 太贵, 所以 我 想 送给 他 一点-儿 钱.

2. 那位 先生 说 他 送 他的 太太 进 chéng. 我 想 他 还 有 别的 意思.

3. 那个 小hái子 爱 拿 别人的 东西. 不知道 是 因为 什么?

4. 先 别 叫 他们 进来, 等 我 把 东西 拿起-来, 再 请 他们. 你 知道 我的 意思 吗?

第十Kè

Character	Explanation	Expressions
紙 纸 **zhǐ**	**jǐ** N: paper	信紙 *letter paper* 一jāng 紙 *one sheet of paper*
筆 笔 **bǐ**	**bǐ** N: pen, pencil, writing instrument	新筆 *new pen* 外國筆 *foreign pen*
表 **biǎo**	**byǎu** N: watch	手表 *watch* 表太快 *the watch is too fast* 表不走了 *the watch has stopped*
手 **shǒu**	**shǒu** N: hand	用手作的 *hand made* 手裏有東西 *something in the hand*
信 **xìn**	**syìn** N: letter, mail	寫信 *write a letter* 兩fēng 信 *two letters*

Character	Explanation	Expressions
房	**fáng** N: house, build-ing, room	書房 *a study* chú房 *kitchen* 房子 *house* jǎu 房 *look for a house* jǎu 房子 *look for a house*
屋	**wū** BF: room	屋子 *room*
誰 谁	**shéi** N: who? whom? anyone	誰 來了? *who came?* 誰 都 有 *everyone has (it)*
千	**chyān** NU: thousand qiān	五千 人 *5,000 people*
萬 万	**wàn** NU: ten-thousand	兩萬多 學生 *20,000-odd students* 四萬萬 *400,000,000*

Character	Explanation		Expressions
男	**nán**	BF: male (of persons)	男的 *man, male* 男人 *man* 男學生 *men students*
女 *nǚ*	**nyǔ**	BF: female (of persons)	女兒 *daughter* 女hái子 *girl* 女朋友 *girl friend*
新 *xīn*	**syīn**	SV: be new	新的 *new* 很 新 *very new* 新 pù子 *new store*
真 真 *zhēn*	**jēn**	A: really, truly [SV: real, genuine]	真 好 *really good* 真 不tswò *really not bad*
常	**cháng**	A: often, usually	常常 *frequently, often* 不常 *not often* 常 來 *comes often* 別 常 hē jyǒu *don't drink (liquor) often*

Jyù子

1. 他 要 給 他 女朋友 寫 信， 所以 買了 好-
   些 很 好看的 信紙.

2. 這個 屋子裏 没 表. 誰 知道 是 甚麼 時候
   了.

3. 他 那個 新 筆 真 好看, 可是 不好用.

4. 這個 房子 九萬五千塊 錢, 真 貴.

5. 你 一dìng děi gàusung 我 你的 新 男朋友 是
   誰?

6. 這個 屋子 是 我的 書房. 我 常 在 這兒 看
   書.

7. 誰 都 說 他的 手表 好看， 可是 我 知道
   那個 表 常 不走， 好看 有 甚麼 用?

8. 没有 筆, 也 没有 紙, 我 dzěm麼 寫 信?

9. 誰 都 知道 中國 一gùng 有 九萬萬五千萬
   人, 可是 男人 多, 女人 多, 誰 都 不知-
   道.

10. 他 女朋友的 那個 新 表 真 不hwài.

11. 他 常 說 他 要 買 一個 大 房子， 可是 他

現在 還 住 那個 小 屋子.

12. 這 幾個 星期 他 没常 給 他 男朋友 寫
信. 誰 知道 是 爲 甚麼.

13. 這個 chéng 裏頭 有 二十萬 líng五千個 男人.
一百個 男人 裏頭 有 一個 人 買 這個
表, 他們 可以 賣 兩千líng五十個, 對 不-
對?

14. Měi國 人 說: "Měi國 紙 真 好, 能 用 Měi國
筆 寫, 也 能 用 中國 筆 寫; 可是 中國
紙 就 能 用 中國 筆 寫, 不能 用 Měi國
筆 寫." 中國 人 說: "中國 筆 好, 能 在
Měi國 紙上 寫, 也 能 在 中國 紙上 寫;
Měi國 筆 不能 在 中國 紙上 寫."

15. 誰 要 買 手表? 是 要 買 男人的, 是 要 買
女人的?

16. 這個 新 房子, 在 外頭 看着 真 大, 可是
裏頭的 屋子 太 小.

17. 他 常 說 他 女朋友的 信紙 很 好看, 我
今天 看jyan 他 女朋友的 信 了. 信紙 是
真 不tswò.

18. 那個 男hái子 真 tsūng明. 你 看, 他 能 用
一個 手 拿 兩個 筆 寫字.

19. 那個 屋子 真 小, 誰 都 不ywàn意 常 在 那-
兒 住.

20. 這個 新 房子 裏頭 有 多少 屋子? 誰 知道?

21. 那個 屋子裏的 那個 新 手表 是 誰的? 真
好看.

22. 這個 房子 是 那位 先生 給 他 女兒的 男-
朋友 用 七萬四千塊 錢 買的.

23. 他 常用 這個 新 信紙 給 他 女朋友 寫
信. 可是 常 用 哪個 筆? 我 不知道.

24. 他 給 我 寫 信 gàusung 我 他 住的 屋子 是
一萬三千四百五十六hàu, 可是 這兒 沒有
一萬多hàu.

25. "他 要 用 六萬幾千塊 錢 作 一個 買賣,
你 知道 他 要 賣 甚麼?"   "他 要 賣
表 賣 筆, 還 賣 信紙."

26. 在 書房 前頭 那個 女人 手裏 拿着的 那個
新 筆 不知道 是 誰 給 他 的. 一dìng 是
他 男朋友 給 他 的.

27. 他的 屋子裏 常 有 很 多 人 tán話. 男的 女的 都 有. 眞 有意思.

28. 那個 男人 給 他 兩個 女朋友 寫 信. 一個 人 一fēng, 信裏 都 是 很 好聽的 話.

29. 誰 買了 新 房子 了? 那個 房子裏 有 多少 屋子? 是 幾萬幾千塊 錢 買的?

30. 那位 女先生 說 他 新 買的 表 gēn 筆 都 常 hwài. 他 想 給 pù子 送回去.

Gù事

誰 都 syihwan 買 東西, 可是 買了 東西 不-一dìng 用. 男人 買 東西 的 時候 常常 想: "我 爲 甚麼 要 買 這個 東西? 眞 有用 麼? 甚麼 時候 用 ne?" 可是 女人 買 東西 的 時候, 不想 這個.

有 一回, 我 太太 用 八萬五千塊 錢 買了 一個 房子, 很 大, 屋子 很 多, 可是 沒有 人 住. 我 問 他 爲 甚麼 要 買 那個 房子, 他說: "因爲 那個 房子 很 貴, 別人 不能 買. 我 不買, 誰 買?"

又 有 一回， 他 買了 很 多的 信紙. 我 問
他 爲 甚麼 買， 又 說:"這 信紙 是 從 Fà國
來的, 所以 我 děi 買."

又 有 一回， 他 買了 一個 新 筆. 我 問 他:
"你 不是 yijing 有 很 多的 筆 了 麼? 爲 甚麼
又 買 一個?"   他 說:"這 筆 是 新 出來的,
別人 都 没有, 所以 我 要 買 一個."

還 有 一回， 他 買了 一個 手表. 我 問 他:
"你 爲 甚麼 要 買 這個 手表?" 他 說:"因爲
這個 手表, 誰 都 有 一個, 所以 我 也 不能
不買 一個.'

SENTENCES IN SIMPLIFIED CHARACTERS

1. 他 要 给 他 女朋友 写 信， 所以 买了 好-
   些 很 好看的 信纸.

2. 這个 屋子里 没 钟. 谁 知道 是 什么 时候
   了.

3. 他 那个 新 笔 真 好看, 可是 不好用.

4. 這个 房子 九万五千块 钱, 真贵.

5. 谁 买了 新 房子 了? 那个 房子里 有 多少
   屋子? 是 几万几千块 钱 买的?

第十一Kè

Character	Explanation	Expressions
唱	**chàng** V: sing	唱歌 *sing (song)*
歌	**gē** N: song	國歌 *national anthem*
氣 气	**chì** N: anger, [air] qì	生氣 *get angry*
句	**jyù** M: (for sentence) jù	一句 話 *one sentence*
張 张	**jāng** N: surname M: (for paper, pictures, tables, etc.) zhāng	張 先生 *Mr. Jāng* 幾張 信紙 *several sheets of letter paper*

Character	Explanation	Expressions
見 见 *jiàn*	**jyàn** V: see, meet (more formal than 看) [PV: (indicates perception of what is seen, heard, or smelled)]	没去見他 *did not go to see him*
高 *gāo*	**gāu** SV: be high, tall N: surname	高sying *be happy, in high spirits* 真高 *really high or tall* 高太太 *Mrs. Gāu*
緊 紧 	**jǐn** BF: urgent, important	要緊 *be important*
定	**dìng** BF: certainly	一定 *certainly, insist*
跟	**gēn** CV: with, and (accompanying)	跟誰去? *go with whom?* 他跟我說 *he said to me; he and I said*

Character	Explanation	Expressions
正	**jèng** A: just; in the midst of zhèng	正 吃飯 呢 *in the midst of a meal* 正在 看 書 *in the midst of reading (a book)* 正好 *just right*
必	**bì** BF: must	不必 *need not* 必 děi *must*
怎	**dzěn** BF: how? in what way? why? how is it that? (**dzěm** when combined with 廢) zěn	怎廢? *how? why?* 怎廢 没去? *why didn't (you) go?*
呢	**ne** P: (sentence suffix, indicating continuance of action in positive statements and suspence in negative statements) [suffix to questions]	坐着 呢 *is sitting* 没走 呢 *not gone yet*
吧	**ba** P: (sentence suffix, implying probability or indicating a request)	是 這個 吧? *It must be this, isn't it?* 現在 吃 吧 *Let's eat now*

句子

1. 張 先生 今天 一定 跟 他 學生 在 一塊兒 唱歌兒.

2. 你 走 吧, 他 今天 不高sying, 一定 不會 見 你.

3. 他 說 我們 今天 不必 去 見 高 先生, 高 先生 這 兩天 正 máng着 呢.

4. 唱 國歌 的 時候, 別人 都 唱, 你 怎麼 不唱?

5. 他 來的 時候, 我 正 吃飯 呢, 我 請 他 在 書房 等 一會兒; 他 想 我 不ywàn意 見 他, 他 就 生氣了.

6. 這張 jwō子 太 高, fàng在 這兒 一定 不行 吧.

7. 你 去 見 張 先生 的 時候, 一定 他 正 máng着 呢, 不要緊的 話, 一句 都 不必 說.

8. 你 怎麼 知道 那個 時候 他 正 跟 我 生氣 呢?

9. 他 唱的 歌兒, 我 一點兒 都 沒聽見, 我 想 沒聽見 也 不要緊 吧.

10. 他 聽見 那句 話, likè 就 不生氣了, 你 說

有意思 没意思?

11. 這個 事情 很 要緊, 你 怎麼 不跟 我 說 呢?

12. 他 有 幾句 要緊的 話, 一定 děi 跟 你 tán
　　—tan.

13. 張 先生的 歌兒 一句 還 没唱 呢, 你 怎麼
　　就 要 走?

14. 他 正 說 那句 dzwèi 要緊的 話 的 時候, 老
　　高 進來了, 我 想 他 一定 聽見了 吧.

15. 我 想 唱 那個 歌兒, 他 一定 不叫 我 唱,
　　我 眞 有點兒 生氣.

16. 我 yijing 把 那句 話 跟 他 說了, 我 還 不-
　　知道 他 怎麼 想 呢.

17. 我 跟 他 說: "你 不必 去 見 張 先生."
　　可是 他 一定 要 去. 我 想, 去 也 不要-
　　緊 吧.

18. 我 跟 他 說了, 叫 他 別 去, 他 没聽見,
　　還是 去了.

19. 我 在 那兒 正 唱歌兒 呢, 他 要 跟 我 說-
　　話, 那 時候 我 怎麼 能 跟 他 說話 呢?

20. 他 說 他的 事情 不要緊，不一定 明天 進
    chéng, 正 好！我 正 不ywàn意 明天 去 呢.

21. 我 有 一句 很 要緊的 話 想 跟 你 說，我
    說了，你 別 生氣. 你 明天不必 唱歌兒
    了.

22. 我 一定 要 今天 去 見 張 先生，跟 他 tán-
    tan 這件 事情. 這件 事情 很 要緊.

23. 我 見 高 先生 的 時候 他 正 生氣 呢，所-
    以 我 想 那句 話，我 不必 跟 他 說了.

24. 他 怎麼 還 唱 歌兒 呢? 我 看 我們 也 不必
    生氣. 他 一定 要 唱，我們 請 他 bān 家
    吧.

25. 高 先生 來了，你 怎麼 没看見 呢? 你 有
    要緊的 話 跟 他 說，就 快 去 說 去 吧.

26. 我 正 跟 他 說 呢，我 說 不必 用 這張
    信紙. 這張 紙 太 小. 可是 他 說 小，
    不要緊.

27. 他 聽了 那句 話，就 很 生氣. 你 没看見
    嗎? 你 怎麼 說 不要緊 呢?

28. 我 到 他 家 的 時候，他 正在 唱歌兒 呢，

我 跟 他 說, 你 怎麼 還 唱歌兒 呢, 你 没看見 我 來了 嗎?

29. 高 先生 說了 那麼 一句 話, 你 一定 生氣-了 吧. 別 生氣, 說 那麼 一句 話 也 不要緊.

30. 那句 歌兒 怎麼 唱 呢? 他 說 我 唱的 太 高了. 你 一定 也 會 唱. 你 跟 我 一塊-兒 唱 一tsż, 行 不行?

Gù事

有 一個 有錢的 人, 姓 張. 他 很 syihwan 唱-歌兒. 他 唱的 不太 好; 可是 他 想 他 唱的 歌兒, 別人 一定 都 syihwan 聽. 他 常常 叫 別-人 聽 他 唱, 有人 說 他的 歌兒 唱的 好, 他 就 給 那個 人 錢.

有 一個 没有錢的 人, 叫 老 Li. 他 聽說 那位 張 先生 syihwan 唱歌兒, ywàn意 叫 別人 聽, 有人 去 聽 他 唱, 說 他 唱的 好, 他 就 給 錢; 所以 老 Li 就 去 見 張 先生. 他 看見 張 先生, 就 跟 張 先生 說: "我 聽說 nín 唱-

歌兒 唱的 好，我 很 想 聽聽." 張 先生 很
高sying, 就 likè 唱了 一個 歌兒. 老 Li 聽了 就
說:"Nín 唱的 歌 不太 好聽." 說了 就 走了.
張 先生 很 生氣.

老 Li 回到 家裏 就 想:"我 怎麽 說 他 唱的
歌兒 不好聽? 要是 我 說 他的 歌兒 好聽, 不是
他 就 給我 錢 了 嗎?" 第二天 老 Li 沒 錢
吃飯, 他 又 想:"我 去 聽 張 先生 唱歌兒
吧, 我 可以 說 他 唱的 好. 我 說 他 唱的 好,
我 就 可以 有 錢 吃飯 了." 他 就 又 到 張
先生 家 去了. 他 跟 張 先生 說:"真 對不起!
昨天 我 有一點兒 不shūfu, nín 唱歌兒 的 時候,
我 聽着 不太 好聽. 今天 nín 可以 不可以 把
那個 歌兒 再 唱 一回?" 張 先生 說:"不要緊!
我 再 唱 一回." 他 就 又 把 那個 歌兒 唱了
一回. 老 Li 說:"好聽." 張 先生 聽見 這個 話,
就 likè 給了 他 五塊 錢.

張 先生 說:"我 昨天 又 學了 一個 歌兒,
我 唱唱, 你 聽聽." 他 就 又 唱. 他 唱了
一句, 正 唱的 高sying 呢, 老 Li 說:"先生, 把

這 五塊 錢 給 nín 吧, nín 唱的 歌兒, 還是 不-
好聽.''

SENTENCES IN SIMPLIFIED CHARACTERS

1. 张 先生 今天 一定 跟 他 学生 在 一块儿
   唱歌儿.

2. 你 走 吧, 他 今天 不高 sying, 一定 不会 见 你.

3. 他 说 我们 今天 不必 去 见 高 先生, 高
   先生 这 两天 正 máng 着 呢.

4. 唱 国歌 的 时候, 别人 都 唱, 你 怎么
   不唱?

5. 他 来的 时候, 我 正 吃饭 呢, 我 请 他 在
   书房 等 一会儿; 他 想 我 不 ywàn 意 见
   他, 他 就 生气了.

6. 這 张 jwŏ 子 太 高, fàng 在 这儿 一定 不行 吧.

7. 你 去 见 张 先生 的 时候, 一定 他 正
   máng 着 呢, 不要紧的 话, 一句 都 不必 说.

8. 你 怎么 知道 那个 时候 他 正 跟 我 生气
   呢?

9. 他 唱的 歌儿, 我 一点儿 都 没听见, 我 想
   没听见 也 不要紧 吧.

10. 他 听见 那句 话, likè 就 不生气了.

第十二Kè

Character	Explanation	Expressions
弟	**dì** BF: younger brother	弟弟 *younger brother* 三弟 *third younger brother*
城	**chéng** N: city	進城 *go into the city* 出城 *go out of the city* 城裏 *in the city* 城裏頭 *inside the city*
孩	**hái** BF: child	孩子 *child* 女孩子 *girl* 男孩子 *boy* 小孩子 *small child*
夜	**yè** M: night	一夜 *one night* 夜裏 *at night* 半夜 *midnight; a long while*
歲 岁	**swèi** M: year(s) old suì	幾歲了? *how old (are you)?--assuming less than ten* 八十四歲了 *84 years of age*

Character	Explanation	Expressions
告	**gàu** BF: tell gào	告訴 *tell, inform*
訴 诉	**sù, sùng** BF: tell sòng	別 告訴 他 *don't tell him*
懂	**dǔng** V: understand dǒng	不懂 *do not understand* 很 難 懂 *very hard to understand*
忘	**wàng** V: forget 	忘了 *have forgotten* 没忘 *didn't forget* rúngyi 忘 *easy to forget*
站	**jàn** V: stand N: station, depot zhàn	站起來 *stand up* hwǒchē站 *railway station* chichē站 *bus station*

Character	Explanation	Expressions
已	yǐ BF: already	已經 *already* 已經 看了 *already seen (it)*
經 经	jīng BF: 已經 (already) [BF: pass through, by, via]	早 已經 吃了 *(I) ate long ago*
差	chà V: differ by; lack, be short	差不多 *almost, about* 差 一點兒 *almost; not as good* 差 十fēn 十二點 *ten of twelve* 差 一塊 錢 *one dollar short*
白	bái SV: be white; fair	白天 *day time* 明白 *understand* 白 紙 *white paper*
難 难	nán SV: be difficult, hard	真 難 *really difficult* 難吃 *impalatable* 難看 *ugly*

句子

1. 我 弟弟 也 在 城 裏頭 那個 學syàu 上學.

2. 那本 書 是 我 八九歲 的 時候 念的, 那 時候 我 差不多 都 懂了, 現在 都 忘了.

3. 我 告訴 你 吧, 那 孩子 白天 老 不在 家, 要是 你 想 jǎu 他, dzwèi好 是 夜裏 來; 白天 jǎu 他, 很 難.

4. 那本 書 眞 難 懂, 我 已經 念了 三tsż 了, 有的 地方 我 還是 不太 明白.

5. Hwǒchē裏 人 太 多, 沒有 地方 坐, 我 站了 差不多 一天 一夜, lèijí了.

6. 我 有 兩個 弟弟, 一個 已經 二十五歲 了; 一個 gāng 五歲, 還是 一個 小孩子.

7. 我 不懂 你 爲 甚麼 要 今天 夜裏 進 城, 明天 白天 去 不好 嗎?

8. 我 告訴 你, 你 可 別 忘了; 明天 夜裏 差 十fēn 十二點 我們 在 學syàu 見.

9. 天 已經 lyàng了, 現在 差不多 五點 gwò 一點兒 了.

10. 你 昨天 告訴 我 的 話，我 shwèi了 一夜的 jyàu 就 都 忘了.

11. 學syàu裏的 先生 說 這個 不難，你們 想想 就 懂了. 可是 那些 孩子 想了 半天，還-是 不明白.

12. 他 告訴 我 hwǒchē站 在 城 裏頭，可是 那-個 孩子的 話 對 不對，很 難 說.

13. 我 弟弟 今年 已經 四十七歲 了；你 想想，我 怎麼 能 不老?

14. 昨天 夜裏 我 懂了，現在 差不多 又 忘了.

15. 我 不明白 他 爲 甚麼 還 在 那兒 站着. 他 已經 站了 兩個 鐘頭 了.

16. 城 裏頭 學syàu的 學生 差不多 都 來了.

17. 我 已經 告訴 他 三tsż 了；我 告訴 他，他 就 忘，你 說 怎麼 bàn?

18. 他 弟弟 說 城 外頭的 學syàu 好，城 裏頭的 差 一點兒.

19. 昨天 夜裏，有 一個 十七八歲的 女孩子 在 學syàu 前頭 站着，我 不明白 他 在 那兒 站着 作 甚麼.

20. 我 弟弟 說: "那個 城 裏頭的 孩子, 說話
    眞 難 懂."

21. 他 告訴 我 了. 可是 他 說的 話 很 難 懂.
    我 有 一半 不懂, 懂了的 那 一半, 我 也
    已經 忘了.

22. 他 弟弟 今年 已經 十八歲 了. 不是 小孩子
    了. 你 說的 話, 他 差不多 都 可以 懂了.

23. 他 說 昨天 白天 他 在 城 裏頭 作事, 作到
    半夜. 差不多 十二點 鐘 回的 家.

24. 我 問 那個 孩子 他 懂了 没有, 他 站在
    那兒 一句 話 没說. 站了 半天, 說, 懂了,
    可是 忘了.

25. 他 白天 在 城 裏頭 作 買賣, 夜裏 囘 家.
    我 不是 已經 告訴 你 了 嗎?

26. 那個 孩子 是 他 弟弟, 十二歲 了, 在 城
    裏頭 念書, 天天 早上 差 一kè 八點 到
    學syàu 去.

27. 他 寫的 信 已經 很 難 懂了. 他 弟弟 寫-
    的 信, 要是 我 能 懂 一半, 那 就 很
    好了.

28. 別 忘了， 這件 事 要是 白天 不作， 夜裏
    不能 作. 真是 難 jí 了.

29. 我 弟弟 已經 有 三個 小孩子 了. 一個 十-
    歲, 一個 八歲, dzwǒi 小的, 四歲. 昨天 他
    告訴 我 他們 又 要 有 一個 小孩子 了.

30. 我 忘了 告訴 你 了. 昨天 夜裏, 差不多 十-
    二點 的 時候, 那個 孩子 又 到 城 裏頭
    去了.

Gù事

有 一個 小孩子， 姓 高， 叫 明眞， 他 已經
八歲 了, 可是 還是 甚麼 都 不懂. 他 在 城
裏頭的 一個 學syàu 上學, 白天 念的 書 到 夜-
裏 就 都 忘了. 第二天 到 學syàu裏, 先生 問 他
甚麼, 他 都 不知道. 所以 先生 差不多 都 不-
太 syǐhwan 他.

有 一天 在 學syàu裏， 一位 先生 問 他 說:
"高 明眞, 中國 一gùng 有 多少 人? 你 又 忘了
吧." 他 站起來 說: "沒忘, 中國 一gùng 有 九-
萬萬 五千萬 líng 一個 人." 那位 先生 說:
"昨天 我 不是 告訴 你們, 中國 一gùng 有 九-

萬萬 五千萬 人 嗎? 你 爲 甚麼 說 九萬萬
五千萬 líng 一個?" 他 說: "Nín 不知道, 昨天
晚上 我 母親 生了 一個 小弟弟, 一gùng 不是
九萬萬 五千萬 líng 一個 了 嗎?"

SENTENCES IN SIMPLIFIED CHARACTERS

1. 我 弟弟 也 在 城 里头 那个 学syàu 上学.

2. 那本 书 是 我 八九岁 的 时候 念的, 那
   时候 我 差不多 都 懂了, 现在 都 忘了.

3. 我 告诉 你 吧, 那 孩子 白天 老 不在 家,
   要是 你 想 jǎu 他, dzwèi好 是 夜里 来;
   白天 jǎu 他, 很 难.

4. 那本 书 真 难 懂, 我 已经 念了 三tsż 了,
   有的 地方 我 还是 不太 明白.

5. Hwǒchē 里 人 太 多, 没有 地方 坐, 我 站了
   差不多 一天 一夜, lèijí了.

6. 我 有 两个 弟弟, 一个 已经 二十五岁 了;
   一个 gāng 五岁, 还是 一个 小孩子.

7. 我 不懂 你 为 什么 要 今天 夜里 进 城,
   明天 白天 去 不好 吗?

8. 我 告诉 你, 你 可 别 忘了; 明天 夜里 差
   十fēn 十二點 我们 在 学syàu 见.

第十三Kè

Character	Explanation	Expressions
水 **shwěi**	**shwěi** N: water shuǐ	hē 水 *drink water*
火 **hwǒ**	**hwǒ** N: fire huǒ	火車 *train* 火車站 *railway station*
車 车	**chē** N: vehicle 	上車 *board a train or car* 下車 *get off a train or or car* chì車 *automobile*
報 报	**bàu** N: newspaper **bào**	看 報 *read the newspaper* 買 報 *buy a newspaper* 賣報的 *newspaper seller*
校	**syàu** BF: school **xiào**	學校 *school*

Character	Explanation	Expressions
開 开	**kāi** V: open; start away train, bus, ship); operate (car)	開門 *open the door* 車開了 *train or car has left* 開 chì車 *drive a car*
關 关 *guān*	**gwān** V: close (up)	關 chwānghu *close the window* 關着呢 *(It's) closed*
刻	**kè** M: quarter-hour	三點三刻 *3:45* 一刻鐘 *15 minutes*
分	**fēn** M: cent; minute	五分鐘 *5 minutes* 兩分錢 *two cents*
教 *jiāo*	**jyāu** V: teach	教書 *teach* 教我寫字 *teach me how to write*

Character	Explanation	Expressions
找 zhǎo	**jǎu** V: look for, hunt for	找 人 *look for a person* 找 房 *look for a house* 找 lyúgwǎn *look for a hotel*
謝 谢 xiè	**syè** V: thank	謝謝 *thanks* 不謝 *don't thank (me)* 多謝 *many thanks*
跑 pǎo	**pǎu** V: run	快 跑 *run quickly* 跑的 很 快 *runs very fast*
得 dé	**děi** AV: have to, must **de** P: (particle which, together with a resultative complement, forms a potential resultative compound) [**dé**] [V: get]	必得 *must, have to* 一定 得 買 *must buy (it)* 都 得 念書 *all must study*
過 过 guò	**gwò** V: pass, exceed; cross over [P: (experiential suffix to verbs)]	過來 *come over here* 過去 *go over there* 七點 過 五分 *five past seven*

句子

1. 火車站 裏頭的 賣報的 還 没來 呢.

2. 我們 學校 měi天 早上 八點 過 十分 上kè, 要是 你 找 他, 你 可以 九點 鐘 來.

3. 我 教書 教的 很 lèi, 我 得 找 一個 地方 坐 一會兒, hē 一點兒 水.

4. 還 有 一刻 鐘, 火車 就 開了, 你 快 跑 吧.

5. 我 今天 早上 七點 二十分 的 時候, 從 那- 個 pù子 前頭 過, 我 看見 他們的 門 還 關着 呢.

6. 他 到 學校 去 教書, 得 坐 火車.

7. 報 是 三分 錢 一張, 我 給了 那個 孩子 五分 錢, 他 說:"謝謝."

8. 學校 星期天 下wǔ 九點 一刻 關門, 現在 已經 九點 四十分 了.

9. 我 跑了 半天 了, 得 找 一點兒 水 hē.

10. Pù子 八點 十分 開, 現在 是 七點半. 你 過 一刻 鐘 再 走, 也 不晚.

11. 我 chì車 裏頭的 水 没有了, 不能 開 了.

12. 他 過來 說了 一句 謝謝, 就 跑了.

13. 今天 下wǔ 三點 一刻, 我 得 到 學校 去 看報.

14. 昨天 夜裏 十二點多 鐘, 學校的 門 已經 關了. 要是 我 不給 他 開門, 他 不能 進來. 我 給 他 開了, 所以 他 得 謝謝 我.

15. 火車 裏頭 也 有 賣報的, 你 不一定 得 現-在 跑去 買.

16. 過 兩個 月, 我 得 找 人 教 我 唱 幾個 歌兒.

17. 到 Nyǒuywē 去的 火車, 是 兩點 三刻 開, 對 不對?

18. 請 你 給 我 找 一點兒 水 來, 謝謝 你.

19. 他 跑過去 關 門 的 時候, 把書 dài過去了.

20. 那個 門 我 不知道 怎麼 關, 他 教了 我 半天, 我 還是 不會, 可是 我 也 不能 不-謝謝 他.

21. 他 天天 坐 火車 到 學校 去. 早上 坐 七點 三刻 的 車 去, 晚上 坐 八點 二十分

的 車 回來.

22. 我 得 去 找 他, 請 他 教 我 開 chi車. 他
說 十二點 過 一刻 我們 在 學校 見.

23. 我 看 報上 說 那個 學校的 先生 都 跑了,
沒 人 教書 了. 所以 學校 關 門 了.

24. 火車上的 水 都 沒了, 我 得 找 一點兒 水
hē. 請 你 告訴 我 哪兒 有, 謝謝 你.

25. 火車 一點 過 十分 開. 要是 你 想坐 火-
車 走, 你 得 快 跑.

26. 學校 早上 七點 過 一刻 開門, 晚上 十點
過 十分 關 門, 要是 你 想 去 找 他, 現-
在 正 好.

27. 請 你 到 那個 小 pù子 去 給 我 買 一張
晚報 來. 謝謝 你. 他們 差 一刻 十點 關
門. 你 還 得 快 一點兒 跑. Láujyà láujyà.

28. 他 昨天 教 我 開 chì車 的 時候, 車裏 沒
水 了. 我 跑到 學校 找 水 去了. 可是
學校的 門 關了.

29. 你 過來, 看着 我 教 你, 這個 車的 門 怎-
麼 關. 要是 你 知道 怎麼 開, 你 就 可-

以 不用 找 人 bāngmáng 了.

30. 那個 火車 天天 八點 過 五分 從 學校 後-
頭 過.

Gù事

有 一天, 有 四位 在 學校 敎書的 老先生,
在 一個 火車站上, 等 火車.

他們 四個 人 站在 那兒 說話, 說的 很 高-
syìng.

有 一位 老先生 問 車站上的 人: "請問 到
Nyǒuywē 去的 車, 甚麼 時候 開?" 那個 人
說: "十點 五十分." 他 又 問: "現在 是 甚麼
時候 了?" 那個 人 又 說: "十點 三刻." 他
說: "好! 謝謝! 還 有 五分 鐘, 我 去 找 一點-
兒 水 hē, 買 一張 報." 車站上的 人 說: "Nín
得 快 點兒 去."

他 走了, 火車 就 來了. 可是 那 三位 老先-
生 沒看見. 他們 還 在 那兒 站着 說話.

又 過了 五分 鐘, 那位 老先生 回來了. 他
gāng 走到 火車站上, 火車 就 開了. 他 就 跟
那 三位 老先生 說: "快 點兒! 快 點兒! 車

開了."

那 三位 老先生 聽見, 就 很 快的 跑到 車上 去了. 他們 三位 上了 車, 車門 就 關了, 車 就 走了. 買 報 的 那位 老先生 看着 車 開了, 没上去, 就 說: "這 怎麼 bàn 呢? 這 怎麼 bàn 呢?"

後來, 車站上的 人 看見 他, 就 跟 他 說: "先生, 這 不要緊. 你們 四位, 不是 有 三位 已經 上去了 嗎, 就是 nín 一位 没上去, nín 可以 下一tsż 車 再 走."

他 說: "你 不知道, 是 我 一個 人 要 走, 他們 三個 人 都 是 來 送 我 上車 的."

SENTENCES IN SIMPLIFIED CHARACTERS

1. 火车站 里头的 卖报的 还 没来 呢.

2. 我们 学校 měi天 早上 八点 过 十分 上kè, 要是 你 找 他, 你 可以 九点 钟 來.

3. 还 有 一刻 钟, 火车 就 开了, 你 快 跑 吧.

4. 报 是 三分 钱 一张, 我 给了 那个 孩子 五分 钱, 他 说: '谢谢."

5. 学校 星期天 下wǔ 九点 一刻 关门, 现在 已经 九点 四十分 了.

第十四Kè

Character	Explanation	Expressions
自 **dz̀** **zì**	BF: self	自己 *self*
己 **jǐ** 	BF: self	我 自己 買 *I'll buy (it)* *myself*
桌 **jwō** **zhuō**	BF: table, desk	桌子 *table, desk*
菜 **tsài** **cài**	N: vegetables; dish of food	作 菜 *cook dishes* 要 菜 *order (in a restaurrant)* 没 甚麼 菜 *nothing much (to eat)*
茶 **chá**	N: tea	hē 茶 *drink tea* 茶 wǎn *tea cup* 茶 gwǎn 兒 *tea shop*

Character	Explanation	Expressions
工 gōng	gūng BF: 工夫 (free or leisure time)	工夫 free or leisure time
夫 fū	fū BF: 工夫 (free or leisure time)	没 工夫 have no free or leisure time
打 dǎ	dǎ V: fight, beat	打 jàng *fight, make war*
算 suàn	swàn BF: 打算 (plan to) [V: calculate]	打算 *plan to*
街 jiē	jyē N: street	大街 *main street* 上街 *go to the shopping district*

Character	Explanation		Expressions
認 认	ren	BF: recognize, know	認識 ⎤ know, recognize, be 認得 ⎦ acquainted with
識 识	shŕ, shŕ shí shì	BF: recognize, know	他 不認識 我 he does not 　　　　　　know me
放	fàng	V: put, place, let go of	放下 put down 放在 這兒 put (it) here
笑	syàu xiào	V: smile, laugh; laugh at	笑話 joke 笑着 說 says laughingly 別 笑我 don't laugh at 　　　　at me
底	dǐ	BF: underneath, below	底下 underneath, below

句子

1. 天天 吃了 晚飯 以後, 我 ywàn意 自己 一個 人 在 街上 走走.

2. 請 你 把 菜 放在 桌子上 吧.

3. Nín 有 工夫, 請 到 我 家 坐坐, hē 點兒 茶.

4. 我 打算 把 這些 報 放在 桌子 底下, 你 看 好 不好?

5. 那個 字, 他 說 我 不認識, 我 看 他 自己 也 不認識.

6. 我 問 他 還 買 那張 桌子 不買, 他 說 他 這些 日子 太 máng, 等 有 工夫 再 說 吧.

7. 他 說 笑話 說了 一半, 底下 他 打算 不說- 了.

8. 他 上街 買了 一點兒 菜, 要 回家 作了, 自己 一個 人 吃.

9. 在 那兒 hē 茶 的 那個 人, 你 認識 不 認- 識?

10. 我 沒有 工夫 跟 你 說 笑話兒.

11. 這 是 nín的 茶, 我 給 nín 放在 桌子上 行
    不行?

12. 我 打算 請 nín 跟 我 到 街上 買 一點兒
    東西, 不知道 nín 有 工夫 没有?

13. 我 可以 把 這個 錢, 放在 茶wǎn 底下, 我
    想 他 一定 就 看不見了.

14. 他 自己 說的, 他 今天 有 工夫, 打算 跟
    我們 一塊兒 去, 爲 甚麼 他 又 說 不去-
    了?

15. 我 lóu 底下 是 一個 茶gwǎn兒, 夜裏 也 有
    很 多 人. 我 差不多 十二點 以前 不能
    shwèijyàu.

16. 那個 人 在 街上 放 一張 桌子, 一個 yi子,
    坐在 那兒 賣 東西.

17. 我 聽說 那個 飯gwǎn兒的 菜 作的 好jí了,
    甚麼 時候 有 工夫, 我 去 吃 一回.

18. 這 桌子 他 說 是 他 自己的; 我 知道 不-
    是 他的, 是 學校的. 我 認識.

19. 你 打算 把 這張 桌子 放在 lóu 底下 嗎?

20. 他 說 笑話 的 時候, 自己 不笑.

21. 我 自己 没 工夫 上街 買 菜, 我 打算 請
    他 tì 我 去. 可是 不知道 他 認得 那個
    地方 不認得.

22. 你的 茶 我 給 你 放在 桌子上 了. 請 你
    自己 去 拿 吧.

23. "桌子 底下 放着的 是 甚麼?" "是 茶."
    "誰 把 茶 放在 桌子 底下 了?"

24. 他 笑着 跟 我 說, 他 打算 自己 送給 自-
    己 一張 桌子.

25. 他們 說 街上 那個 新 飯gwǎn兒裏的 菜 不-
    tswò. 我 打算 有 工夫 的 時候, 請 你 去
    吃 一回, 好 不好?

26. 自己 作的 菜 好吃, 可是 我的 工夫 很 少,
    不能 常 自己 作.

27. 這個 字 是 他 寫的. 過了 五分 鐘, 他 自-
    己 也 不認識了.

28. 他 把 那個 小 東西 放在 茶wǎn 底下 了.
    別人 問 他 放在 哪兒 了, 他 笑着 說
    他 不知道.

29 Ê國 人 說 他們 自己 没有 工夫 打jàng. 可-

是 他們 老 syìwàng 別人 打.

30. 那張 桌子上的 菜 有的 我 没吃過.　我 也
不認識 那 是 甚麼 菜.

Gù 事

有 一天 差不多 夜裏 一點多 鐘 了. 我 è了.
本來 我 打算 到 飯gwǎn兒 去 吃 一點兒 東-
西, 可是 太 晚了, 飯gwǎn兒 都 關門 了. 街上
有 一個 jyǒugwǎn兒, 還 開着 呢, 我 就 到 那-
個 jyǒugwǎn兒 去了.

我 進去 找了 一張 桌子, 就 坐下了.　要了
一個 菜, 要了 一點兒 點心, 一wǎn 茶.

那個 jyǒugwǎn兒 裏頭 hē jyǒu 的 人 真 不少.
我 都 不認識. 我 jywé得 他們 都 很 有意思.

有 幾個 人 站在 一塊兒 hē jyǒu, 又 說 又
笑, 很 高syìng, 也 有的 人 站在 那兒, 把 錢
放在 桌子上, 賣jyǒu的 給 他 一囬 jyǒu, 拿
一囬 錢. 有 一個人 hē jyǒu hē的 太 多了, 一個
人 坐在 桌子 底下 shwèijyàu. 還 有 一個人 坐-
在 那兒, 自己 跟 自己 說話.　我 看見 他 說-

了 幾句 話，他 自己 就 笑了． 又 說了 幾句
話，他 自己 就 生氣 了．我 jywé得 他 很 tè別．
我 在 那兒 看 他 看了 有 半點多 鐘 的 工夫．
後來 我 就 過去 問 他："先生， Nín 說 甚麼
呢?" 他 說："我 給 我 自己 說 笑話 呢." 我
說："Nín 爲 甚麼 有 時候 笑，有 時候 生氣?"
他 說："我 說的 笑話，要是 我 沒有 聽見過，
我 就 笑，要是 我 已經 聽見過了，我 就 生-
氣."

SENTENCES IN SIMPLIFIED CHARACTERS

1. 天天 吃了 晚饭 以后， 我 ywàn意 自己
   一个 人 在 街上 走走．

2. 请 你 把 菜 放在 桌子上 吧．

3. Nín 有 工夫，请 到 我 家 坐坐，hē 点儿 茶．

4. 我 打算 把 这些 报 放在 桌子 底下，你 看
   好 不好?

5. 那个 字，他 说 我 不认识，我 看 他 自己
   也 不认识．

6. 在 那儿 hē 茶 的 那个 人，你 认识 不 认-
   识?

第十五Kè

Character	Explanation		Expressions
哥	**gē**	BF: elder brother	哥哥 *elder brother* 大哥 *eldest brother*
路	**lù**	N: road, route	路上 *on the way* 大路 *highway* 小路 *byway* 一路 平ān *a pleasant journey* 走路 *to walk*
病	**bìng**	N: sickness SV: be sick	有病 *is sick, ill* 病了 *become sick* 病人 *sick person*
幫 帮	**bāng**	V: help	幫máng *help out* 幫ju. *help* 幫我作這個 *help me do this*
睡	**shwèi** shuì	V: sleep	睡jyàu *sleep* 睡的不好 *didn't sleep well*

Character	Explanation	Expressions
帶 带	**dài** — V: take or bring along	帶錢 *take (along) money* 不帶孩子去 *not taking children along*
哭	**kū** — V: cry	別哭 *don't cry* 愛哭 *like to cry*
玩	**wán** — V: play	玩兒 *play* 玩兒一會兒 *play for a while*
够	**gòu** — SV: be sufficient, enough	够了 *enough* 不够 *not enough*
平	**píng** — BF: peaceful [SV: flat, level]	平常 *ordinary, ordinarily* 平安 *peace, peaceful*

Character	Explanation		Expressions
喜 xǐ	**syǐ**	BF: be pleased with	喜歡 *like to, is fond of*
歡 欢 huān	**hwān**	BF: be pleased with	喜歡 說話 *like to talk*
應 应	**yǐng**	BF: should, ought to	應當去 *should go*
當 当	**dāng**	BF: should, ought to	不應當 拿 *should not take*
願 愿 yuàn	**ywàn**	BF: willing to, wish to	願意 *wish to, willing to*

句子

1. 平常 他 哥哥 不太 喜歡 走路.

2. 他們的 孩子 病了, 夜裏 不睡jyàu, 老 哭.

3. 因爲 那位 朋友 家裏 有 事, 所以 我 jywé-
   得 我 應當 去 幫 他們 一點兒 máng.

4. 平常 他 願意 帶 孩子 出去 玩兒.

5. 他 一天 睡 九個 鐘頭 的 jyàu, 應當 够了.

6. 你 哥哥 給 你 帶 一張 hwà兒 來, 你 看看
   你 喜歡 不喜歡?

7. 這個 孩子 爲 甚麼 一天 到 晚 老 哭, 也
   不吃, 也 不玩兒, 也 不睡, 我 想 他 一定
   是 有病.

8. 我 應當 幫máng, 我 也 很 願意 幫máng, 可-
   是 我 真 没有 工夫, 你 說 怎麼 bàn 呢?

9. 他 哥哥 給 他 帶來 五十塊 錢, 不知道 够
   不够.

10. 我 平常 睡jyàu 睡的 很 晚, 今天 我 走路
    走的 太 多, 很 lèi, 早 一點兒 睡 吧.

11. 你 願意 玩兒 甚麼, 就 玩兒 甚麼, 別 哭,

好 不好?

12. 他 在 路上 病了, 天天 哭; 我 真 不知道
    應當 怎麼 幫 他 máng.

13. 他 dzwèi 喜歡 說 笑話, 可是 他的 笑話, 你
    聽了, 哭 也 不好, 笑 也 不好.

14. 我 願意 你 早 一點兒 一路 平ān的 到了;
    把 給 你 大哥 帶的 東西 送去.

15. 我 叫 他 睡jyàu, 他 不睡.   他 說 他 願意
    再 玩兒 一會兒.

16. 我 平常 吃 一wǎn 飯 就 够了, 今天的 菜
    tè別 好, 我 願意 再 吃 一wǎn.

17. 他的 病 還 没好 呢, 我們 應當 去 看看
    他 去, 可是 給 他 帶 一點兒 甚麼 東西
    去 呢?

18. 那個 人 對 朋友 好jí了, dzwèi 喜歡 幫 別-
    人的 máng.

19. 在 路上 dzwèi 好 多 帶 一點兒 錢, 你的 錢
    够 不够?

20. 那個 病人 不應當 吃 太 多的 東西; 我 想
    他 吃 半wǎn 飯 就 够了.

21. 那年 我 哥哥 坐 火車 到 Běijīng 去的 時候 在 路上 病了. 不能 吃, 不能 hē, 也 不能 睡.

22. 你 應當 常 帶 孩子 出去 玩兒玩兒. 他 喜歡 吃 甚麽, 給 他 買 一點兒, 別 叫 他 老 哭.

23. 他 平常 願意 幫人 máng, 他 想 人人 都 應當 幫 別人的 máng.

24. 我 哥哥的 孩子 夜裏 不睡jyàu, 老 哭. 我 想 他 一定 是 有病.

25. 他 平常 喜歡 帶 小孩子 出去 玩兒. 帶 小孩子 出去 玩兒 不貴, 有 一兩塊 錢 就 够了.

26. 他 走的 時候, 他 哥哥 跟 他 說了 一路 平ān了. 可是 没用. 第二天 他 在 路上 就 病了.

27. 我 願意 念書, 可是 我 也 喜歡 玩兒. 所以 我 玩兒的 時候 也 帶着 書.

28. 我 哥哥 跟 他的 孩子 說: "別 玩兒了, 去 睡jyàu 去 吧, 再 不去 睡jyàu, 你 明天 就

要 病了."　那個 孩子 聽見 這個 話 就
哭了.

29. 到 別的 地方 去, 在 路上 應當 多 帶
一點兒 錢, 錢 不够, 怎麽 行 呢? 在 路-
上 誰 能 幫 你的 máng呢?

30. 他 太 喜歡 玩兒. 睡jyàu 睡的 不够, 所以
病了.

Gù事

前天 我 跟 一位 老先生 tán話. 這位 老先生
已經 七十八歲 了. 他 跟 我 說 他 小時候 的
事情, 很 有意思.

他 說: "我 小時候, 兩歲, 父母 就 都 没有-
了. 我 没有 哥哥, 弟弟, 也 没有 jyějyě, mèimci,
我 父親的 一個 很 好的 朋友, Li 先生, 看
我們 家 没 人, 就 把 我 帶到 他們 家 去了.

"Li 先生, Li 太太, 没有 孩子. 他們 叫 我
在 他們 家 住. 他們 很 喜歡 我, 對 我 真是
太 好了.

"我 五歲 的 時候, 上學 了. 天天 早上 Li
太太 叫 我 起來, 給 我 作 早飯, 送 我 上 學校

去. 我 下了 kè, 回 家 以後, 他們 常常 問我 喜歡 吃 甚麼, 喜歡 作 甚麼 玩兒.　Měi天 睡-jyàu 以前, 給 我 說 一個 gù事.

"後來 我 大了. 我 常常 想, 他們 老了. 有 很 多 事情, 我 得 幫着 他們 作. 所以 有 好-幾回, 我的 朋友 叫 我 到 別的 地方 念書, 我 都 沒去.　我 想我 還是 應當 跟 他們 在 一塊兒 住.

"我 二十五歲 的 時候, Li 先生 跟 我 說: '現在 你 大了, 應當 出去 作 你 自己的 事 了. 我們 兩個 人, 還 不太 老, 也 沒有 病, 你 願-意 到 甚麼 地方 去, 就 去 吧.　不要緊.' 那 時候 我 想 他的 話 很 對, 所以 我 就 到 別-的 城 裏頭 作事 去了.

"我 走 以前, 他們 知道 我 在 路上 得 用 錢. 他們 給了 我 五百塊 錢, 還 說: '要是 不-够, 就 寫 信 告訴 我們.　我 走的 那天, 他們 送 我 到 火車站, 哭着 跟 我 說: '一路 平ān.'

"可是 誰 知道, 我 走了 的 第二天, 他們 兩位 就 都 病了. 他們 給 我 寫信, 告訴 我

說，他們 病了，因爲 想 我. 我 一聽說，就 lì刻
回去了. 又 跟 他們 在 一塊兒 過了 好些 年.
這件 事情，到 現在 已經 五十幾年 了， 日子
過的 真 快."

SENTENCES IN SIMPLIFIED CHARACTERS

1. 平常 他 哥哥 不太 喜欢 走路.

2. 他们的 孩子 病了，夜里 不睡jyàu, 老 哭.

3. 因为 那位 朋友 家里 有 事， 所以 我 jywé-
   得 我 应当 去 帮 他们 一点儿 máng.

4. 平常 他 愿意 带 孩子 出去 玩儿.

5. 他 一天 睡 九个 钟头 的 jyàu, 应当 够了.

6. 你 哥哥 给 你 带 一张 hwà 儿 来， 你 看看
   你 喜欢 不喜欢?

7. 这个 孩子 为 什么 一天 到 晚 老 哭，也
   不吃，也 不玩儿，也 不睡，我 想 他 一定
   是 有病.

8. 我 应当 帮máng, 我 也 很 愿意 帮máng, 可-
   是 我 真 没有 工夫， 你 说 怎么 bàn 呢?

9. 他 哥哥 给 他 带来 五十块 钱，不知道 够
   不够.

10. 我 平常 睡jyàu 睡的 很 晚，今天 我 走路
    走的 太 多，很 lèi，早 一点儿 睡 吧.

11. 你 愿意 玩儿什么，就 玩儿什么，别 哭，

    好 不好?

12. 他 在 路上 病了，天天 哭；我 真 不知道
    应当 怎么 帮 他 máng.

13. 他 dzwěi 喜欢 说 笑话，可是 他的 笑话，你
    听了，哭 也 不好，笑 也 不好.

14. 我 愿意 你 早 一点儿 一路 平ān的 到了；
    把 给 你 大哥 带的 东西 送去.

15. 我 叫 他 睡jyàu，他 不睡.   他 说 他 愿意
    再 玩儿 一会儿.

第十六Kè

Character	Explanation	Expressions
衣	**yī**　　BF: clothes	衣shang　*clothes*
客	**kè**　　N: guest	客人　*guest* 客tīng　*living room* 有客　*have guests* 客氣　*be polite, stand on ceremony*
文	**wén**　　BF: language ［BF: be literary］	中文　*Chinese (language)* 法文　*French (language)* Yīng文　*English (language)* 日文　*Japanese (language)*
名	**míng**　　BF: name	有名　*famous, well-known*
法	**fá**　　BF: way, method **fà**　　BF: France, French ［**fǎ**］　　［BF: law］	法子　*method, way* 法國　*France* 法文書　*French book*

Character	Explanation			Expressions
怕	**pà**	V: be afraid of, fear that		kǔng怕 *be afraid that...* 怕 太太 *hen-pecked* 怕 見 人 *afraid to see people*
完	**wán**	V: finish PV: (indicates end or completion of the action)		完了 *finished* 唱完了 *finished singing* 完不了 *can't be finished*
辦 办	**bàn**	V: manage; carry out		辦事 *handle the matter* 怎麼 辦? *What can be done about it?*
覺 觉	**jywé** **jyàu**	BF: feel BF: sleep	**jué** **jiào**	覺得 *feel* 覺不出來 *cannot feel (it)* 睡覺 *sleep*
美	**měi**	BF: America, American [SV: be beautiful]		美國 *U.S.A.* 美國 chì車 *American automobile*

Character	Explanation		Expressions
容 róng	**rúng**	BF: be easy	容易 *easy*
易	**yì**	BF: be easy	真 不容易 *really not easy*
錯 错 cuò	**tswò**	SV: be wrong	不錯 *not bad, not wrong* 錯了 一點兒 *a little bit wrong*
鋪 铺	**pù**	BF: store, shop	鋪子 *shop, store*
壞 坏 huài	**hwài**	SV: be broken, ruined, spoiled; bad	壞人 *bad person* 不壞 *not bad* 壞了 *become spoiled, get out of order*

Theodore Lownik Library
Illinois Benedictine College
Lisle, Illinois 60532

句子

1. 等 一會兒 有 一個 有名的 法國 客人 要
   到 這個 鋪子 來.

2. 那個 法國 人 怕 我 不懂 法文, 他 用 Yīng-
   文 跟 我 說. 可是 他的 Yīng文 不行, 說-
   完了, 我 還是 不懂.

3. 我 覺得 那個 美國·學校 辦的 不錯, 可是
   太 貴.

4. 你 走 這個 大路 到 火車站 去 吧, 走 小-
   路 很 容易 走錯了.

5. 那個 女人 覺得 他 自己 是 一個 有名的
   人的 太太, 所以 老 chwān 很 貴的 衣-
   shang, 可是 不一定 好看.

6. 這本 法文 書 今年 kǔng怕 念不完了, 念不完
   怎麼 辦 呢?

7. 昨天 吃完 wǔ飯, 我 正要 睡覺. 來客人了.
   他 說 這個, 說 那個, 說了 半天, 也 不-
   走. 我 一點兒 法子 也 没有.

8. 那個 鋪子 裏頭的 美國 表 不壞, 可是 真
   貴; kǔng怕 我 買不起.

9. 那個 客人 chwān的 那件 衣shang, 不是 吃飯
   的 時候 chwān的. 他 chwān錯了, 可是 我
   也 沒 法子 告訴 他.

10. 這個 事情 怕 不容易 辦, 錯了一點兒, 就
    壞了.

11. 美國 筆 很 貴, 可是 不容易 壞.

12. 我 覺得 這個 衣shang 很 容易 作, 你 可以
    自己 作 一回. 作壞了, 也 不要緊.

13. 那個 美國 歌兒, 很 有名, 誰 都 知道 那-
    個 歌兒, 所以 那個 客人 唱錯了 一句,
    他們 就 都 笑了.

14. 這件 衣shang, kǔng怕 他 今天 白天 又 作不-
    完了. 今天 夜裏 他 又 不能 睡覺 了.

15. 你 覺得 辦 學校 容易 嗎?

16. 美國 有名的 地方 很 多. 都 去, 很 不容-
    易.

17. 他 Yīng文 法文 都 能 說, 所以 我們 覺得
    這件 事情, dzwèi好[1] 叫 他 去 辦.

---

1. It is best that....

18. 會 Yīng文 的 人, 覺得 法文 很 容易; 會
日文 的 人, 覺得 中文 很 容易.

19. 你 看 那位 客人的 衣shang 眞 不壞, 他 那-
件 衣shang 是 在 Nyǒuywē 鋪子裏買的, 又^2
好 又^2 不貴.

20. 這個 鋪子裏的 衣shang dzwèi 有名, 我 不懂
爲 甚麼 有名, kǔng怕 是 因爲 貴.

21. 我 覺得 美國 人 說 法文, 不容易 說錯了.

22. 來的 那位 客人 很 有名, 他 能 說 中文,
可是 法文 日文 也 都 不壞.

23. 這件 事 他 没辦完 就 走了. 我 覺得 是 他
怕 辦錯了. 你 說 呢?

24. 女人的 衣shang 不容易 買. 昨天 我 太太 要
買 一件 衣shang, 走了 七個 有名的 鋪子,
也 没買着.

25. 那個 法國 人 怕 我 要 睡覺 了, 所以 不-
唱歌兒. 他 眞 客氣. 我 說: "你 唱 吧,
不要緊. 你 唱歌兒, 我 也 能 睡. 你 唱-
不完, 我 就 可以 睡着 了."

---

2. 又 .... 又 .... means: both .... and ....

26. 中文 不容易 學, 可是 很 容易 忘. 這 是
美國 人 說的. 中國 人 不 這麽 說. 中國
人 說 法文 不容易 學, 容易 忘.

27. 他 喜歡 到 有名的 鋪子 去 買 貴 衣shang
chwān, 可是 他的 錢 不够. 你 說 有 甚麽
法子 辦?

28. 我 昨天 晚上 請了 幾位 法國 客人 在 家-
裏 吃飯. 吃飯 的 時候, 我 用 法文 說錯-
了 一句 話, 他們 都 生氣了. 没吃完, 就
都 走了.

29. 這件 事 我 kǔng怕 他 一個 人 一天 辦不-
完. 所以 我 覺得 我 應當 幫着 他 辦.

30. 那個 美國 人 客tīng裏的 桌子 yi子 都 是
從 法國 帶來的. 我 覺得 不壞.

Gù事

有 一個 美國 人, 在 中國 教 Yīng文. 他的
Yīng文 不壞, 可是 他的 中文 不太 好. 有 很
多的 話, 他 聽不懂. 也 有 很 多 話, 他 說不-
對. 他 常 說: "Yīng文 很 容易, 中國 話 很 難."

有 一回, 有 一個 很 有名的 中國 人, 到 他

家 去 看 他. 那個 人 gāng 進 客tīng, 他 想 用
中國 話 說:"請坐," 可是 他 說錯了. 他說:"請
走, 請 走." 那個 人 聽見 這句 話, 就 走了.

又 有 一回, 有人 給 他 jyèshàu 一位 中國
朋友, 那個 中國 人, 聽 他 會 說 中國 話, 就
很 客氣的 跟 他 說:"Nín的 中國 話, 說的 真
好." 他 要 說:"不gǎn當," 可是 他 没說對.
他說:"不gānjing, 不gānjing." 那個 人 覺得 很
chígwài.

後來, 有 一個 中國 人 跟 他 說:"中國 話
很 容易, 我 可以 教 給 你 三句 話. 這 三句
話, 差不多 在 甚麼 地方 都 能 用. 第一句 是
'不錯';第二句 是 '對了;' 第三句 是 '没 法子'."
這 三句 話, 他 都 學會了.

有 一回, 有人 跟 他 說:"現在 東西 都 貴-
了;" 他 說:"不錯." 那個 人 又 說:"貴的
東西, 不一定 好." 他 說:"對了." 那個 人 又
說:"東西 貴, 怎麼 辦 呢?" 他 說:"没 法-
子." 他 說完了 覺得 這 三句 話 很 有用.

有 一天, 有 一個 人 在 鋪子裏 買了 一件

新 衣shang, 出了 鋪子 就 dyōu了. 有 很 多人
在 街上 幫着 他 找. 那個 美國 人 看見 街上
有 很 多的 人, 不知道 他們 在 那兒 作 甚麼,
就 過去 看看.   有 一個 人 跟 他 說: "有人
dyōu了 衣shang 了." 他 說: "不錯." 那個 人 又
說: "是 你 拿去了 吧!" 他 說: "對了." 那個
人 又 說: "要是 眞 是 你 拿去了, kŭng怕 他-
們 要 打 你." 他 說: "沒 法子."

SENTENCES IN SIMPLIFIED CHARACTERS

1. 等 一会儿 有 一个 有名的 法国 客人 要
   到 这个 铺子 来.

2. 那个 法国 人 怕 我 不懂 法文, 他 用 Yīng-
   文 跟 我 说. 可是 他的 Yīng文 不行, 说-
   完了, 我 还是 不懂.

3. 我 觉得 那个 美国 学校 办的 不错, 可是
   太 贵.

4. 你 走 这个 大路 到 火车站 去 吧, 走 小-
   路 很 容易 走错了.

5. 那个 女人 觉得 他 自己 是 一个 有名的
   人的 太太, 所以 老 chwān 很 贵的 衣-
   shang, 可是 不一定 好看.

6. 这本 法文 书 今年 kǔng怕 念不完了, 念不完
   怎么 办 呢?

7. 昨天 吃完 wǔ饭, 我 正要 睡觉. 来 客 了.
   他 说 这个, 说 那个, 说了 半天, 也 不-
   走. 我 一点儿 法子 也 没有.

8. 那个 铺子 里头的 美国 表 不坏, 可是 真
   贵; kǔng怕 我 买不起.

9. 那个 客人 chwān的 那件 衣shang, 不是 吃饭
   的 时候 chwān的. 他 chwān错了, 可是 我
   也 没 法子 告诉 他.

10. 这个 事情 怕 不容易 办, 错 一点儿, 就
    坏了.

11. 美国 笔 很 贵, 可是 不容易 坏.

12. 我 觉得 这个 衣shang 很 容易 作, 你 可以
    自己 作 一回. 作坏了, 也 不要紧.

第十七Kè

Character	Explanation	Expressions
山	**shān** N: mountain	山上 *on the mountain* 上山 *go up a mountain* 高山 *high mountain* 山路 *mountain path*
河	**hé** N: river	大河 *big river* 河裏頭 *in the river* 一條河 *one river*
畫 画	**hwà** V: draw, paint N: picture (drawing or painting) *huà*	畫兒 *picture, painting* 畫畫兒 *draw or paint (a picture)*
魚 鱼	**yú** N: fish	賣魚的 *fish seller* 愛吃魚 *love to eat fish*
船	**chwán** N: boat *chuán*	坐船 *ride on a boat* 船上 *on the boat* 一條船 *one boat*

Character	Explanation	Expressions
樣 样	**yàng** M: kind, sort, way	一樣 *same, alike* 樣子 *style, appearance, sample* 怎麼樣? *how about...? how's everything?*
條 条 *tiáo*	**tyáu** M: (for rivers, roads, fish, etc.)	那條街 *that street* 這條路 *this road*
次 *cì*	**tsż** M: a time, occasion	有一次 *once upon a time* 上次 *last time* 下次 *next time* 一天一次 *once everyday*
長 长	**cháng** SV: be long	很長 *very long* 長極了 *extremely long* 天長了 *the days have lengthened*
短 *duǎn*	**dwǎn** SV: be short	短不短? *(Is it) short or not?* 短好些 *a good deal shorter*

Character	Explanation	Expressions
黑	**hēi** — SV: be black; dark	黑 衣 shang *black clothes* 天 黑 了 *the day has darkened*
比	**bǐ** — CV: compared with, than	比 一 比 *compare (them)* 没 法子 比 *incomparable, not comparable* 比 我 高 *taller than I*
極 极	**jí** — P: (suffix to SV's indicating extreme degree)	貴 極 了 *extremely expensive* 難 極 了 *exceedingly difficult*
最	**dzwèi** — A: the most, -est **zuì**	最 好 *It would be best...* 最 晚 *at the latest* 最 有意思 *most interesting*
更	**gèng** — A: still more, even more	更 要緊 *even more important* 更 好 *even better* 更 不好聽 *even more unpleasant to listen to*

句子

1. 美國的 河 比 中國的 河 長, 可是 美國的
   山 没有 中國的 山 高.

2. 那個 人 dài的 那個 黑 màu子 貴極了, 可是
   我 想 你 這個 màu子 更 貴.

3. 他 畫了 一條 船, 畫的 跟 一條 魚 差不多
   一樣.

4. 我 最 喜歡 他 那件 黑 衣shang, 不長 不短,
   樣子 好極了, 可是 他 就 chwān過 一次.

5. 你 說的 不錯, 這個 菜 很 好吃, 可是 我
   覺得 那個 魚 比 這個 菜 更 好吃.

6. 他 最 喜歡 畫畫兒, 可是 不會 畫 別的,
   就 會 畫魚.

7. 這條 山路 我 走過 一次, 我 覺得 比 那條
   更 難 走, 你 覺得 怎麽樣?

8. "這個 桌子 比 那個 短 嗎?" "不短, 我 看
   一樣."

9. 昨天 我們 在 那條 河 裏頭, 坐着 船 玩-
   兒, 看見 一條 魚 有 這個 桌子 這麽 長.

10. 我們 去年 那次 到 山上 玩兒, 最 有意思.

11. 我 昨天 看兒 一條 船, 大極了, 他們 說 是
    Yīng國 船.

12. 我 上次 到 美國 來的 時候, 是 坐 船 來-
    的, 船 比 fēijī 慢多了.

13. 這條 河裏的 魚 跟 那條 河 裏的 魚 不太
    一樣.

14. 天 晚了, 外頭 黑極了, 明天 再 到 山上 去
    玩兒 吧.

15. 第一個 長, 第七個 更 長, 第九個 最 短,
    第十四個 最長, 你 說 對 不對?

16. 這 三張 畫, 那張 山水畫兒 最 貴, 可是 我
    覺得 那張 魚 畫的 最 好.

17. 坐 船 到 那兒 去, 更 慢; 有 一次, 我 是
    坐 船 去的, 差不多 走了 一天.

18. 你 弟弟的 衣shang, 你 chwān着 是 短 一點兒,
    可是 我 覺得 比 你 自己 那件 黑 衣-
    shang 還 好看.

19. 後來, 天 更 黑了, 山上的 那條 小路 更 沒
    法子 走了, 所以 我們 都 住在 山上 了.

20. 這樣的 筆 現在 貴極了, 你 看, 這個 筆 是
    我 一年 以前 買的, 五塊 錢. 比 現在
    pyányi 兩塊多.

21. 這張 畫兒 比 那張 長 嗎? 我 看 比 那張
    短.

22. 現在 天 黑的 更 早了. 這樣兒 畫, kǔng怕
    三天 畫不完.

23. 他 那條 魚 長極了. 比 誰的 都 長. 可是
    我 那條 不比 他 那條 短.

24. 那條 河裏 甚麼 樣子的 船 都 有. 長的, 短-
    的, 大的, 小的, 黑的, 白的 都 有.

25. 那次 他 到的 最 晚. 他 說 因爲 坐 船 太
    慢, 天 黑了, 山路 又 不好走, 所以 晚了.

26. 他 畫的 那張 畫兒上 有山 有 河, 河裏
    有 一條 船, 船上 有 好些 魚.

27. 有 一次, 天 黑了, 我 在 這條 路上 走, 走-
    着走着, 走到 河裏 去了.

28. 你 這樣 畫 是 不慢, 可是 他 那樣 畫 更
    快. 最好 你 用 他 那樣的 法子 畫.

29. 他 上次 chwān的 那件 黑 衣shang 比 你 這-
件 長. 我 看 還是 短 一點兒 的 好.

30. 這條 魚 是 在 船上 買的. 不貴, 也 很 好-
吃. 好極了.

Gù事

我們 看見 一張 畫兒 的 時候, 常 愛 說:
"你 這張 畫兒 真 好, 跟 真的 一樣." 可是
我們 看見 好看的 地方, 也 常常 說:"這個
地方 真 好看, 跟 畫兒 一樣." 那麼, 是 畫的
比 真的 好, 是 真的 比 畫的 好? 真 難 說.

有 一次, 我 看見 一張 山水畫兒. 畫的 是
中國 一條 很 有名的 河. 在 那張 畫兒上, 山
很 高, 河 很 長, 真是 好看極了. 我 看了 好-
看的 畫兒, 就 想:到 那個 真 地方 去, 一定
是 真 地方 比 畫兒 好. 後來, 有 一年, 我 真
到 那個 地方 去了. 在 山上 看, 那條 河 很
短, 我 覺得 那個 地方 很 平常, 沒有 那張 畫-
兒 好看. 我 又 想:還是 畫的 比 真的 好.

現在, 有些 人 畫畫兒 畫的 fēi常 chígwài. 我
看見過 一張 畫兒, 別人 告訴 我 說 那張 畫-

兒 很 有名. 我 看了 半天, 就 看見 那 紙上 有
一大塊 東西. 可是 不知道 是 甚麼 東西. 看了
一會兒, 我 覺得 是 一條 魚; 再 看, 不是 魚,
是 一條 船; 又 看了 半天, 我 還是 不知道 是
甚麼.

後來, 我 去 問 一個 會 畫畫兒的 朋友, 人
都 說 他 很 懂 畫兒. 我 問 他:"那張 畫兒 真
有名 嗎?" 他 說:"對了, 那 是 shìjye上 最 有-
名的 畫兒." 我 說:"那 上頭 畫的 是 甚麼?"
他 說:"那 得 你 自己 看." 我 說:"我 看了,
可是 不知道." 他 說:"那 你 就 不用 看了."
我 說:"可是 他 為 甚麼 有名 呢?" 他 說:
"因為 人人 都 說 他 好." 我 說:"為 甚麼
人人 都 說 他 好 呢?" 他 說:"因為 人人 都
喜歡 他." 我 說:"為 甚麼 人人 都 喜歡 他
呢?" 他 說:"那 我 怎麼 知道! 你 問 我, 我
問 誰?"

我 看了 這張 畫兒 以後, 更 不知道 是 畫的
好, 是 真的 好了.

第十八Kè

Character	Explanation	Expressions
南	**nán**　　PW: south	西南 *southwest* 南邊兒 *the south, the south side* wàng 南 fēi *fly towards the south*
北	**běi**　　PW: north	東北 *northeast* 北邊兒 *the north, the north side* 西北bu *the northwest section*
左 zuǒ	**dzwǒ**　　PW: left	左手 *left hand* 左邊兒 *the left side*
右	**yòu**　　PW: right	右手 *right hand* 左右都有人 *(there are) people on both left and right*
邊 边 biān	**byān**　　M: -side, border, part	前邊兒 *the front (side)* 後邊兒 *the rear (side)* 上邊兒 *the top, above* 下邊兒 *the bottom, below*

Character	Explanation		Expressions
喝	**hē**	V: drink	喝 酒 *drink (liquor)* 不好喝 *displeasing to the* *taste (drinking)*
酒	**jyǒu** jiǔ	N: wine, liquor, alcoholic drinks	賣酒的 *wine seller*
館 馆	**gwǎn** guǎn	BF: tea-house, bar, restaurant, hotel, etc.	飯館兒 *restaurant* 茶館兒 *tea house* lyǔ館 *hotel*
穿	**chwān** chuān	V: wear (clothes)	穿 衣shang *wear clothes,* *put on clothes* 穿不上 *unable to put* *on (clothes)*
忙	**máng**	SV: be busy	幫忙 *help (somebody)* 忙 不忙? *busy or not?*

Character	Explanation		Expressions
遠 远	**ywǎn** **yuǎn**	SV: be far	遠的 lìhai *extremely far away* 多麼 遠? *how far?*
近	**jìn**	SV: be near	不太 近 *not too near* 近多了 *much nearer*
舊 旧	**jyòu** **jiù**	SV: be old (in use)	舊 東西 *old things* 舊了 *become old (in use)*
直	**jŕ** **zhí**	BF: straight on	一直 *straight on* 一直 走 *go straight on*
離 离	**lí**	SV: from (be separated or distant from)	離 這兒 遠 *quite far from here* 離開 *leave, separate*

句子

1. 學校 離 這兒 不太 遠, 就 在 那邊兒 那個
飯館兒的 左邊兒.

2. 昨天 我 在 飯館兒裏, 請 他 喝 酒, 他 說
他 一點兒 酒 也 不能 喝.

3. 穿 舊 衣shang 的 那位 老先生, 我 想 他
一定 是 北jing人.

4. 他的 事情 忙極了, 這 幾個 星期, 他 一直-
的 南邊兒 北邊兒, 來回的 跑.

5. 南jing 離 上hǎi 很 近, 坐 火車 tsái 走 四個
鐘頭.

6. 我 上月 離開 北jing就 一直 到 南jing 來了.

7. 別 忙! 別 忙! 先 別 吃飯, 等 我 喝完 這-
點兒 酒.

8. 他 用 左手 也 能 寫字, 可是 左手 寫的
沒有 右手 寫的 好. 上邊兒 那個 字 是
他 左手 寫的.

9. 今天 有人 請 喝酒, 你 別 穿 這件 舊 衣-
shang 了, 新 衣shang, 買了 不穿, 有 甚麼
用?

10. 他 說 到 這個 飯館兒 來 遠極了. 你 看,
我們 tsái 開了 一個多 鐘頭 的 車, 就 到-
了. 所以 我 說 到 這兒 來 比 到 Nyǒuywē
去 近多了.

11. 他 老是 穿着 那件 舊 衣shang, 要是 你 問
他 爲 甚麼, 他 說 他 忙, 没有 工夫 買.

12. 我 一直 到 二十五歲, 没離開過 家, 這次
一出來, 就 走 這麼 遠.

13. 請 你 告訴 我: 是 南邊兒 那個 飯館兒 近,
是 北邊兒 那個 飯館兒 近?

14. 火車站 離 這兒 不遠, 你 一直 wàng 前 走,
過 三條 街再 wàng 右 走, 就 看見了,
很 容易 找.

15. 那件 衣shang, 他 從 去年 買了 以後, 就
一直的 老 穿着. 你 看, tsái 一年, 已經
穿舊了.

16. 酒館兒裏的 酒, 現在 太 貴了, 喝不起了,
所以 我 有 兩三個 星期 没喝 酒 了.

17. 男的 站在 左邊兒, 女的 站在 右邊兒, 好
不好?

18. 那個 地方 離 這兒 遠極了, 要是 你 忙,
    我們 就 不必 到 那兒 去了.

19. 你 wàng 右 看. 你 看見 那張 畫兒上 是
    甚麼 了 嗎? 你 站近 一點兒, 太 遠了,
    看不chīngchu.

20. 美國的 南bù 北bù 我 都 去過, 我 最 喜歡
    東北邊兒 那些 舊 城.

21. 他們 這個 地方的 人, 不知道 東南西北, 我
    問 他們 酒館兒 在 哪兒, 一個 人 告訴
    我 在 左邊兒. 一個人 告訴 我 在 右邊-
    兒.

22. 你 再 坐 一會兒 喝 一點兒 酒 吧. 那個
    飯館兒 離 這兒 不遠, 三分 鐘, 就 可以
    到. 你 忙 甚麼?

23. 昨天 我 看見 他 在 酒館兒裏 喝 酒, 穿着
    一件 舊 衣shang, 樣子 很 不好看.

24. 他 告訴 我 說 他 家離 這兒 很 近, 從
    這兒 一直 wàng 南 走, 走到 那個 飯館-
    兒 那兒, 再 wàng 右 走 就 看見了.

25. 在 Nyǒuywē的 街上, 你 一看, 東南西北, 前-

後左右, 哪兒 都 是 人. 人 都 很 忙.
不知道 他們 忙 甚麼?

26. 他 就 喝酒, 不喝 茶. 要是 你 請 他 喝
酒, 多麼 遠 他 都 去. 要是 你 請 他 喝
茶, 多麼 近, 他 也 說 他 太 忙, 去不了.[1]

27. 我們 忙極了. měi天 從 早上 八點 一直 作-
到 夜裏 十二點. 我的 家 又 離的 很 遠.
所以 一點兒 工夫 都 没有.

28. 明天 他 請 喝 酒, 你 要是 去, 打算 穿
甚麼 衣shang? 要是 你 穿 舊的, 我 也 穿
舊的.

29. 南邊兒, 北邊兒, 我 都 没去. 就 在 離 這-
兒 近的 地方 看了 看.

30. 他 在 酒館兒裏 左手 拿着 一張 紙, 右手
拿着 一個 筆, 不知道 要 寫 甚麼.

Gù事

有 一天, 我 到 一個 小 城 去 看 朋友. 那個
小城 我 以前 没去過. 我 在 朋友 家裏 吃完了
晚飯, 已經 很 晚了. 我 出來了, 想到 火車-

---

1. 了 here reads *lyǎu*.

站 去 坐 火車 回來, 可是 我 不認識 路.

　後來, 我 在 街上 看見 一個 人, 因為 天 黑-
了, 我 看不chīngchu 他 是 甚麼樣兒的 人. 我
就 看見 他 穿着 一件 舊 衣shang, dài着 一個
舊 màu子, 在 街 那邊兒 走, 走的 很 慢. 我 就
過去 問 他. 我 說: "請問, 火車站 離 這兒 遠
不遠?" 他 說: "不遠! 不遠! 很 近! 離 這兒 很
近, 就 在 那邊兒." 我 說: "到 那兒 去 怎麼
走?" 他 說: "你 一直 wàng 南, 到 前頭 那條
街 wàng 左 走, 就 到了." 他 說完了, 又 說:
"不對, 不對, 你 得 wàng 北 走, 一直的 過 兩-
條 街, 在 你的 右邊兒 就 是." 我 說: "謝謝,
謝謝." 我 gāng 要 走, 他 說: "先生, 先生, 我
說的 不對. 你 是 要 到 火車站 去, 是 不是?
我 gāngtsái 說的, 是 到 酒館兒 去的 路." 他
說到 這兒, 我 知道 他 是 喝酒 喝多了. 他 又
說: "到 火車站 去 得 wàng 東; 不對, 不對! 我
今天 怎麼了!? 不是 wàng 東, 是 wàng 西, wàng
西 走, 過了 三條 街; 別 忙, 別 忙, 你 等 我
想想.　對了! 對了! 不行, 不行! 我 想起來了,
從 這兒 沒有 法子 到 火車站 去."

第十九Kè

Character	Explanation	Expressions
王	**wáng** N: surname; [king]	王 先生 *Mr. Wáng* 姓 王 *surnamed Wáng* 王家 *the Wáng family*
臉 脸	**lyǎn** N: face *liǎn*	臉上 *on the face* 洗臉 *wash the face* 臉 húng 了 *blushing*
心	**syīn** N: hear *xīn*	小心 *take care, be careful* 放心 *rest assured, free from anxiety* 點心 *refreshment, snacks*
毛	**máu** M: ten cents [N: hair] *máo*	一毛 錢 *ten cents* 五毛九 *$0.59*
數 数	**shù** BF: number [**shǔ**] [V: count]	歲數 *age*

Character	Explanation		Expressions
洗	**syǐ** **xǐ**	V: wash	洗一洗 *wash* 洗不gānjing *cannot be washed clean* 洗衣shang *wash clothes*
往	**wàng, wǎng**	CV: towards (in direction of)	往東走 *go towards the east* 往西行不行? *Will going towards the west be all right or not?*
便	**byàn** **pyán** **biàn** **pián**	PF: convenient BF: cheap	方便 *convenient* 便yi *cheap*
每	**měi**	NU: each	每天 *everyday* 每一個人 *each person* 每張桌子 *each table*
但	**dàn**	BF: but, only	不但 *not only*

Character	Explanation	Expressions
奇 qí	chí BF: strange	奇怪 *strange, peculiar, surprised*
怪 guài	gwài BF: strange	真 奇怪! *how strange!*
然 rán	rán BF: [nevertheless, although, on the other hand]	要不然 *if not, then; otherwise, or else*
許 许 xǔ	syǔ BF: perhaps [V: permit]	也許 *maybe*
才 cái	tsái A: just, merely; then and only then, not until	剛才 *just a moment ago* 才 五點 鐘 *only five o'clock* 才 三毛五 *only thirty-five cents*

句子

1. 王 先生 歲數 不小了, 可是 他 小時候 的
   事情 他 還 ji得. 你 說 奇怪 不奇怪!

2. 那個 鋪子 裏頭的 東西 眞 便yi, 你 看 這-
   個 yi子 才 兩塊 二毛五.

3. 他們 也許 不能 每一個 星期 都 洗 衣shang,
   因爲 他們 住的 那個 房子 太 不方便.

4. 我 ji得 那個 鋪子, 不是 往 東 去, 就是 往
   北, 要不然 也許 是 往 西 吧?

5. 我們 這兒 洗的 衣shang, 不但 便yi, 洗的 也
   比 別人 gānjing, nín 放心 吧.

6. 也許 是 他 把 我的 錢 拿去了, 要不然 我
   一說 我的 錢 dyōu了, 爲 甚麼 他的 臉
   就 húng了 呢?

7. 王 太太 說 這個 鋪子 裏頭的 東西 便yi,
   我 看 你 就 在 這兒 買 一個 吧.

8. 他 不但 每天 早上 洗 一次 臉, 每天 晚上
   也 洗 一次.

9. 眞 奇怪, 他 甚麼 都 ji不住, 也許 是 歲數
   太 大了.

10. 五毛 錢, 也許 他 不kěn 賣, 要不然, 給 他 一塊 錢 吧. 一塊 錢 也 便yi.

11. 到·Nyǒuywē 去, 當然 得 往 西 去. 這條 路, 你 不jì得 嗎?

12. 那位 王 老太太 今年 大gài 有 八十多歲 了, 你 看 他的 臉, 就 知道 他 歲數 不小了.

13. 這樣兒的 yi子, 不但 四塊 五毛 錢 買不了, 我 看 十塊 錢 也 買不了.

14. 我 每天 都 是 往東 走. 往東 走 不但 近, 坐 車 也 方便.

15. 王 先生, 洗臉水 給 nín yùbei好了, 請 nín 洗 臉 吧.

16. 他 gāng才 說, 得 小心 一點兒, 現在 又 說 不要緊, 真 奇怪.

17. 那位 老先生, 那麼 大 歲數 了, 每天 還是 不是 看書, 就是 作事, 要不然 就是 寫-字, 你 說 多麼 奇怪!

18. 王 先生 說, 他 jì得 這本 書 才 兩塊 五毛 錢, 誰 知道 對 不對?

19. 我 就 在 這個 鋪子 買 一個 吧, 也許 他
    這兒 便yi, 你 說 呢?

20. 那個 人 歲數 太 大了, 他 老 說, 他 ji得
    他 小時候, 一毛 錢 能 買 很 多 東西.
    說 那個 有 甚麼 用?

21. 王 先生 臉上 有 一點兒 黑, 我 告訴 他
    了. 他 就 去 洗. 洗了 半天, 真 奇怪,
    還是 那麼 黑.

22. 每天 早上 從 這兒 往 東 去的 火車 不但
    到的 晚, 有 時候 也許 走的 比 甚麼 車
    都 慢.

23. Nín 放心 吧. 我們 鋪子裏的 東西, 又 便yi,
    又 好, 所以 才 有 這麼 多人 來 買.
    要不然 我 也 不賣給 nín.

24. 你 一看 老王的 臉, 就 知道 他 歲數 不小-
    了. 你 說 他 才 二十多 歲, 我 看 他
    也許 過了 三十 了.

25. 坐 火車 去 才 八毛 錢, 不但 比 chì車 便yi,
    也 方便得多. 所以 我 每天 都 坐 火車.

26. 真 奇怪, 他 老是 這樣兒 不小心. 出去 lyán
    一毛 錢 都 不帶. 到 用 錢 的 時候, 没-

有. 你 說 dyōu臉 不dyōu臉!

27. 王 小jye 今年 多大 歲數 了? 他 說 他 二十九歲, 已經 說了 三年 了. 我 想 他 也許 有 三十五六 了.

28. 到 洗手 的 屋子 去, 從 這兒 往 左 也 行, 往 右 也 行. 要不然 你 就 往 前 走, 前邊兒 也 有 一個.

29. 他 每天 一個 人 出去, 我 老是 不放心. 我 怕 他 給 我 dyōu臉.

30. 老 王的 筆 才 三毛 錢. 真 便yi. 可是 便-yi, 不一定 就 好. 要不然 貴的 誰 買?

Gù事

有 一個 人 姓 王, 叫 思違. 他 有 一個 兒-子, 叫 國平.

王 國平 已經 十歲 了, 可是 很 bèn, 作事 不小心. 要是 你 叫 他 作 點兒 甚麼 事, 他 不是 ji不住, 就是 不給 你 作, 要不然 就是 作不對. 要是 你 叫 他 念書, 他 不但 不念, 也許 還 說:"念書 有 甚麼 用?" 他 每天 起-來的 很 晚. 起來了, 不洗 臉, 不吃 東西, 就

得 往 學校 跑, 要不然 就 得 晚.

　思遠的 父親 歲數 很 大了, 也 跟 他們 在
一塊兒 住. 有 一天, 思遠 不在 家, 王 老先生
想 ràng 國平 去 買 一點兒 東西, 就 跟 他 說:
"國平, 到 街上 去 給 我 買 一毛 錢的 酒,
一毛 錢的 菜." 　國平 說: "好, 可是 到 哪個
鋪子 去 買 呢? 　是 到 南邊兒 那個 鋪子 去
買 呢, 還是 到 北邊兒 那個 鋪子 去 買 呢?"
王 老先生 說: "到 南邊兒 那個 鋪子 去 買
吧, 那兒 近, 又 便yi, 又 方便." 他 拿了 兩毛
錢 就 出去了. 　Gāng 走到 門 外頭 就 回來了.
他 問: "我 是 用 左手 拿 酒 呢, 還是 用 右-
手 拿 酒 呢?" 王 老先生 說: "左手 拿, 右手
拿, 都 行." 　國平 第二次 走出去, 又 回來了.
他 又 問: "這 兩毛 錢, 哪個 買 酒, 哪個 買
菜?" 王 老先生 聽見 這個 話, 很 生氣, 就 打
那個 孩子. 一打 他, 他 就 哭了.

　正在 這個 時候, 思遠 回來了, 看見 父親
坐在 yi子上 生氣, 孩子 站在 地下 哭. 他 不-
知道 是 怎麼回 事; 就 對 他 父親 說: "小孩-

子 爲 甚麼 哭?" 他 父親 說: "你的 孩子 太
bèn. 我 gāng才 給了 他 兩毛 錢, 叫 他 買酒 買
菜. 他 問 我 是 用 左手 拿 酒, 還是 用 右手
拿 酒? 一會兒, 他 又 問 我, 用 哪個 錢 買
酒, 哪個 錢 買菜? 你 說 奇怪 不奇怪! 我
一生氣 就 打了 他 了."

思遠 聽說 他 父親 打了 他的 孩子. 很 着-
ji, 就 用 自己的 手 打 他 自己的 臉. 他 父親
看見 覺得 很 奇怪, 就 說: "思遠, 你 怎麼
了? 爲 甚麼 打 自己?" 思遠 說: "你 打 我的
兒子, 我 就 打 你的 兒子."

SENTENCES IN SIMPLIFIED CHARACTERS

1. 王 先生 岁数 不小了, 可是 他 小时候 的
   事情 他 还 ji得. 你 说 奇怪 不奇怪!

2. 那个 铺子 里头的 东西 真 便yi, 你 看 这-
   个 yi子 才 两块 二毛五.

3. 他们 也许 不能 每一个 星期 都 洗 衣shang,
   因为 他们 住的 那个 房子 太 不方便.

4. 我 ji得 那个 铺子, 不是 往 东 去, 就是 往

北, 要不然 也许 是 往 西 吧?

5. 学校 离 这儿 不太 远, 就 在 那边儿 那个 饭馆儿的 左边儿.

6. 也许 是 他 把 我的 钱 拿去了, 要不然 我 一说 我的 钱 dyōu了, 为 什么 他的 脸 就 húng了 呢?

7. 王 太太 说 这个 铺子 里头的 东西 便yi, 我 看 你 就 在 这儿 买 一个 吧.

8. 他 不但 每天 早上 洗 一次 脸, 每天 晚上 也 洗 一次.

9. 真 奇怪, 他 什么 都 ji不住, 也许 是 岁数 太 大了.

10. 他 那条 鱼 长极了. 比 谁的 都 长. 可是 我 那条 不比 他 那条 短.

11. 他 画了 一条 船, 画的 跟 一条 鱼 差不多 一样.

12. 昨天 我 看见 他 在 酒馆儿里 喝 酒, 穿着 一件 旧 衣shang, 样子 很 不好看.

第二十Kè

我 是 北京[1]人， 可是 我的 家 在 北京 城
外頭. 北京的 西邊兒 有 一個 山， 叫 西山. 很
有名. 有 很 多 美國 人 都 喜歡 到 那兒 去.
我的 家 就 離 西山 不遠.

我們 家的 房子 很 高， 很 大， 可是 屋子
不太 多. 那個 房子 前頭 有 一條 河， 河裏 水
多的 時候 常 有 很 多 魚. 　房子 右邊兒， 有
幾個 小 鋪子. 左邊兒 有 一個 小 飯館兒. 你
可以 在 那兒 吃飯， 也 可以 在 那兒 喝酒. 真
不壞. 再 往 左 走， 走 八九分 鐘 就 可以 看-
見 一個 新 房子. 那 是 一個 學校. 學校裏 有
三四百 學生， 男學生 女學生 都 有. 　有 二-
三十位 先生. 在 我們 房子的 北邊兒， 有 一個
老 火車站， 離 我們 家 不太 近. 從前 常 有
火車 從 那兒 過， 可是 現在 那個 車站 不用-
了， 也 沒有 火車 了. 我們 進城 的 時候，不坐
火車， 坐 別的 車 也 很 方便. 往 城 裏頭 去-
的 大路， 在 我們 房子的 南邊兒， 那條 路上，
常 有 很 多 車 走.

1. Běijīng　北京　Peking

我 家裏 有 七個 人, 父親 母親 跟 我們 五-個 孩子 (四個 男的, 一個 女的). 我 有 兩個 哥哥, 一個 小 弟弟. 一個 小 mèimei. 大哥 教-書, 二哥 作買賣. 我 上學. 小 mèimei 才 一歲-半, 不會 說話, 就 會 說 幾個 字, 老是 笑, 不愛 哭, 我 最 喜歡 跟 他 玩兒. 父親 母親 歲數 都 不太 大. 可是 因為 家裏 事情 很 多, 所以 也 沒出去 作事.

我們 七個 人 每天 在 一塊兒, 吃完 晚飯 說說 話, 唱唱 歌兒. 到了 星期六, 星期天, 有 時候 我們 一塊兒 出去 玩兒玩兒, 比 甚麼 都 有意思.

一千九百三十七年, 日本 人 來了. 有 很 多 學校 都 關門 了. 很 多 學生 先生 都 離開 北京 了. 我 也 跟 我 幾個 朋友 一塊兒 走了. 可是 我 沒告訴 我 家裏的 人. 我 怕 一告訴 他們, 他們 就 不叫 我 走了. 因為 怕 人 知-道, 不能 白天 走, 所以 得 等 天 黑了, 夜裏 走. 我們 十個 人, 都 是 男學生. 有 兩個 我 以前 不認識, 可是 在 一塊兒 走了 不大的 工-

夫, 就 都 是 很 好的 朋友 了. 我 走的 時候, 穿了 一件 平常的 短 衣shang, dài了 一個 舊 màu子, 手裏 一毛 錢 都 没有, 也 没帶 甚麽 東西. 他們 給 我 飯 吃, 給 我 錢 用, 我 在 路上 幫着 他們 拿 東西, 給 他們 作事. 有 一位 姓 王的 跟 我 最 好. 那個 人 真 不錯. 他 幫了 我 很 多的 忙, 到 現在 我 也 没忘.

在 路上, 有 一次, 我們 得 坐船 過 河. 別人 都 上了 船 了. 我 因爲 走的 慢, 在 後頭. 我 還 没上 船 呢, 船 就 要 開了. 那位 王 先生 就 叫 我 快 跑, 我 跑到 河邊兒上 的 時候, 船 已經 開了. 王 先生 叫 他們 囘到 河邊兒 上 去, 他們 說: "不行." 王 先生 没 法子, 拿-了 他的 東西 就 下了 河 了.他 從 水裏 走出-來 跟 我 說: "我 願意 跟 你 一塊兒 走. 我-們 坐 下一次的 船 吧." 我 說: "你 這樣兒 幫 我 忙, 我 得 怎麽 謝 你 呢?" 他 說: "別 客氣, 好 朋友 應當 在 要緊的 時候 幫忙, 才 對.

我們 兩個 人 在 路上 走了 差不多 半個

月. 我們 在 一個 桌子上 吃飯 喝 茶, 在 一個 屋子裏 睡覺. 後來 我們 到了 一個 小 城. 在 那個 城裏 他 病了, 不能 起來. 我 就 跟 他 一塊兒 住在 那個 地方. 我 給 他 作飯, 作菜, 上街 給 他 買 東西.

有 一天, 他 說:"我 打算 寫 一fēng 信, 請 你 給 我 找 一個 筆, 找 兩張 紙 來, 好 不-好?" 我 把 紙 筆 拿來了, 可是 他 不能 起來 寫. 他 就 叫 我 給 他 寫. 那fēng 信, 是 給 他 女朋友 寫的. 寫的 很 長. 說了 不少的 "我 愛 你." 我 寫完了, 念給 他 聽. 他 聽完了, 自己 看了 一次, 又 自己 在 紙的 底下 畫了 一個 很 奇怪的 小人兒. 還 用 法文 寫了 一句 話. 我 看不懂 是 甚麼 意思. 他 把 信 給 我, 叫 我 送出去. 我 一出 門兒, 他 就 把 我 叫-回去了. 他 說:"等 一等, 你 回來 吧. 我 還 得 寫 幾個 字." 他 又 寫了 好些 中國 字, 才 又 把 信 給 我.

我們 在 那個 地方 住了 十幾天, 他 老 也 不好. 我 每天 就是 看看 報, 看看 書, 洗洗衣shang, 買買 菜, 作作 飯. 我 就 想: "他 不好, 這 怎麼 辦 呢? 我 不知道 他 還 有 多少 錢, 我 也 没 法子 問 他." 心裏 很 不放心, 很 着jí, 可是 我 看見 他 的 時候, 臉上 還 得 笑, 真是 不容易.

　　後來 有 一天 他 說: "你 看, 我 老 不好, 你 不用 等 我 了. 最好 你 拿 一點兒 錢, 先 走 吧. 要不然 我 怕 你 也 病了." 我 說: "那 不行, 我 一定 等 你, 跟 你 一塊兒 走. 你 不用 給 我 錢, 你的 錢 也許 不够 用 呢." 我 說完了, 他 一看 錢, 就 說: "不好, 我的 錢 已經 快 用完了. 這 怎麼 辦 呢? 好, 我 有 法子 了. 你 明天 把 我的 表 拿出去 賣了 吧." 我 說: "真 對不起, 我 用了 你 不少的 錢. 要不是 我 在 這兒, 你 也許 就 不必 賣 表了." 他 說: "你 別 這麼 說, 要不是 你 在 這兒, 誰 幫 我的 忙? 賣 表 是 小 事, 朋友 要緊. 現在 很 難 說 是 我 對不起 你, 還是 你 對不起 我. 更 没 法子 說 是 你 幫 我的 忙, 還是 我 幫 你的 忙."

我 就 把 那個 表 拿到 一個 鋪子裏 問 他
們 買 不買, 給 多少 錢. 他們 問 我 要 多少
錢. 我 說: "五萬塊 錢." 他們 說 太 貴. 後來,
他們 給 四萬塊 錢, 可是 得 第二天 給 錢. 我
就 賣給 他們 了.

第二天 早上, 我 正 作飯 呢, 有人 送來
一fēng 信, 是 給 王 先生 的. 他 一看, 是 他
女朋友 寫的. 他 拿着 信, 念了 又 念, 高-
sying極了. li刻 就 站起來了, 不但 站起來了, 病
也 好了. 你 說 奇怪 不奇怪! 他 說: "我 女-
朋友 信上 說 一定 叫 我 li刻 去 找 他, 我們
今天 就 走, 好 不好?" 我 說: "你 覺得 你
真 好了 嗎?" 他 說: "真 好了. 我們 走 吧."
我 說: "可是 昨天 賣 表 的 錢 還 沒拿來
呢." 他 說: "我們 一塊兒 去 拿 錢, 拿了 錢
就 走, 行 不行?" 我們 去 拿了 錢, 就 走了.
後來 我們 一直的 是 很 好的 朋友.

我 離開 家 八年, 一直 到 一九四五年, 打-
完了 jàng, 我 才 回 北京. 那位 王 先生 也 回
北京 了. 我 常 請 他 到 我們 家 去 玩兒. 那-

個 時候, 我 父親 母親 都 老了 一點兒, 弟弟
mèimei 也 都 大了. 可是 房子 前頭的 河, 河裏-
的 水, 水裏的 魚, 飯館兒, 鋪子, 學校, 火車站,
大路, 還 都 跟 以前 一樣. 西山 也 還是 那麼
好看.

SIMPLIFIED CHARACTERS

我们 家的 房子 很 高, 很 大, 可是 屋子
不太 多. 那个 房子 前头 有 一条 河, 河里 水
多的 时候 常 有 很 多鱼. 房子 右边儿, 有
几个 小 铺子. 左边儿 有 一个 小 饭馆儿. 你
可以 在 那儿吃饭, 也 可以 在 那儿 喝酒.真
不坏. 再 往 左 走, 走 八九分 钟 就 可以 看-
见 一个 新 房子. 那 是 一个 学校. 学校里 有
三四百 学生, 男学生 女学生 都 有. 有 二-
三十位 先生. 在 我们 房子的 北边儿, 有 一个
老 火车站, 离 我们 家 不太 近. 从前常 有
火车 从 那儿过, 可是 现在 那个 车站 不用-
了, 也 没有 火车 了. 我们 进城的 时候,不坐
火车, 坐 别的 车 也 很 方便. 往 城 里头 去-
的 大路, 在 我们 房子的 南边儿, 那条 路上,
常 有 很 多 车 走.

I. A LIST OF 300 CHARACTERS

1-3 STROKES	ROMANIZATION	LESSON									
一	yī	1	也	yě	1	太	tài	9	为	wèi <wéi>	6
又	yòu	8	山	shān	17	友	yǒu	6	认	rèn	14
二	èr	1	千	chyān	10	不	bù	1	什	shém <shèn>	2
十	shŕ	1	女	nyǔ	10	少	shǎu	3	办	bàn	16
七	chī	1	儿	ér	2	以	yǐ	5	书	shū	7
了	le <lyǎu>	2	几	jǐ	6	日	r̀	5	**5**		
人	rén	1	个	gè	1	比	bǐ	17	半	bàn	6
八	bā	1	万	wàn	10	水	shwěi	13	必	bì	11
九	jyǒu	1	门	mén	8	中	jūng	1	平	píng	15
三	sān	1	么	ma	2	今	jīn	7	打	dǎ	14
己	yǐ	13	**4**			分	fēn	13	可	kě	4
己	jǐ	14	火	hwǒ	13	父	fù	7	正	jèng	11
下	syà	1	六	lyòu	1	月	ywè	1	去	chyù	3
工	gūng	14	文	wén	16	手	shǒu	10	本	běn	5
子	dž	3	方	fāng	2	毛	máu	19	左	dzwǒ	18
才	tsái	19	心	syīn	19	开	kāi	13	右	yòu	18
大	dà	1	王	wáng	19	车	chē	13	北	běi	18
小	syǎu	1	天	tyān	1	见	jyàn	11	叫	jyàu	6
上	shàng	1	夫	fū	14	气	chì	11	四	sž	1
			五	wǔ	1	从	tsúng	8	出	chū	8

外	wài	2	有	yǒu	1	当	dāng	15	走	dzǒu	6
母	mǔ	7	百	bǎi	6	岁	swèi	12	见	jyàn	11
生	shēng	3	在	dzài	2	后	hòu	2	吧	ba	11
用	yùng	4	西	syī	4	会	hwèi	5	别	byé	9
句	jyù	11	老	lǎu	6	欢	hwān	15	男	nán	10
白	bái	13	再	dzài	8	关	gwān	13	坐	dzwò	5
他	tā	1	地	dì	2	问	wèn	5	告	gàn	12
长	cháng	17	早	dzǎu	6	买	mǎi	4	我	wǒ	1
东	dūng	4	因	yīn	9	许	syǔ	19	每	měi	19
旧	jyòu	18	吃	chr̄	5	7			位	wèi	9
们	mén	1	回	hwéi	5	没	méi	1	住	jù	7
头	tóu	2	名	míng	16	完	wǎn	16	你	nǐ	1
边	byān	18	多	dwō	3	弟	dì	12	但	dàn	19
对	dwèi	4	年	nyán	8	快	kwài	8	作	dzwò	4
写	syě	5	先	syān	3	忘	wàng	12	近	jìn	18
6			自	dz̀	14	那	nà	2	远	ywǎn	18
字	dz̀	5	件	jyàn	9	车	chē	13	进	jìn	9
忙	máng	18	好	hǎu	3	更	gèng	17	还	hái <hwán>	6
次	tsz̀	17	行	syíng	9	把	bǎ	8	这	jè	2
衣	yī	16	过	gwò	13	找	jǎu	13	吗	ma	2

听	tīng	6	房	fáng	10	念	nyàn	7	送	sùng	9
坏	hwài	16	放	fàng	14	朋	péng	6	差	chà	13
块	kwài	7	夜	yè	12	知	jī	8	美	měi	16
报	bàu	13	底	dǐ	14	兒	ér	2	前	chyán	2
饭	fàn	5	刻	kè	13	的	de <dì>	1	穿	chwān	18
时	shŕ	4	長	cháng	17	所	swǒ	7	客	kè	16
来	lái	3	玩	wán	15	姓	syìng	7	為	wèi <wéi>	6
里	lǐ	2	表	byǎu	10	往	wàng	19	屋	wū	10
两	lyǎng	1	事	shŕ	4	极	jí	17	孩	hái	12
应	yīng	15	東	dūng	4	张	jāng	11	城	chéng	12
纸	jǐ	10	兩	lyǎng	1	话	hwà	3	要	yàu	3
条	tyáu	17	直	jŕ	18	现	syàn	6	南	nán	18
诉	sùng <sù>	12	來	lái	3	经	jīng	13	甚	shém <shèn>	2
识	shŕ	14	奇	chí	19	国	gwó	3	是	shŕ	1
8			到	dàu	2	学	sywé	5	昨	dzwó	7
河	hé	17	呢	ne	11	卖	mài	4	思	sž	9
法	fà <fá>	16	門	mén	8	画	hwà	17	怎	dzěn	11
定	dìng	11	明	míng	7	鱼	yú	17	星	syīng	9
怪	gwài	19	易	yì	16	9			看	kàn	3
怕	pà	16	些	syē	4	洗	syǐ	19	信	syìn	10

便	byàn <pyán>	19	病	bìng	15	紧	jǐn	11	唱	chàng	11
很	hěn	3	書	shū	7	请	chǐng	5	國	gwó	3
後	hòu	2	哥	gē	15	谁	shéi	10	第	dì	7
给	gěi	3	起	chǐ	8	样	yàng	17	夠	gòu	15
说	shwō	3	真	jēn	10	帮	bāng	15	魚	yú	17
钟	jūng	8	校	syàu	14	钱	chyán	4	進	jìn	9
点	dyǎn	6	時	shŕ	4	难	nán	13	船	chwán	17
觉	jywé <jyàu>	16	哭	kū	15	离	lí	18	得	děi <dé>	13
贵	gwèi	9	茶	chá	14	**II**			從	tsúng	8
亲	chīn	7	笑	syàu	14	着	je <jáu>	8	脸	lyǎn	19
带	dài	15	拿	ná	9	情	chíng	9	馆	gwǎn	18
10			能	néng	5	許	syǔ	19	**12**		
酒	jyǒu	18	氣	chì	11	張	jāng	11	道	dàu	8
家	jyā	7	們	mén	1	現	syàn	6	訴	sùng <sù>	12
容	rúng	16	個	gè	1	教	jyāu <jyàu>	13	就	jyòu	5
站	jàn	12	侯	hòu	4	都	dōu <dū>	4	畫	hwà	17
這	jè	2	條	tyáu	17	带	dài	15	報	bàu	13
高	gāu	11	紙	jř	10	常	cháng	10	喜	syǐ	15
桌	jwō	14	爱	ài	9	問	wèn	5	極	jí	17
哪	nǎ	2	笔	bǐ	10	晚	wǎn	7	期	chī	9

黑	hēi	17	嗎	ma	2	慢	màn	8	辦	bàn	16
最	dzwèi	17	新	syīn	10	說	shwō	3	頭	tóu	2
開	kāi	13	意	yì	6	認	rèn	14	還	hái <hwán>	6
喝	hē	18	話	hwà	3	麼	ma	2	館	gwǎn	18
貴	gwèi	9	裏	lǐ	2	歌	gē	11	錯	tswò	16
跑	pǎu	13	遠	ywǎn	18	緊	jǐn	11	錢	chyán	4
過	gwò	13	塊	kwài	7	對	dwèi	4	學	sywéi	5
菜	tsài	14	想	syǎng	4	算	swàn	14	**17**		
買	mǎi	4	當	dāng	15	愿	ywàn	15	謝	syè	5
飯	fàn	5	睡	shwèi	15	**15**			應	yīng	15
筆	bǐ	10	跟	gēn	11	寫	syě	5	幫	bāng	15
等	děng	8	路	lù	15	請	chǐng	5	點	dyǎn	6
然	rán	19	萬	wàn	10	誰	shéi	10	臉	lyǎn	19
短	dwǎn	17	歲	swèi	12	賣	mài	4	**18~**		
給	gěi	3	愛	ài	9	樣	yàng	17	識	shŕ	14
幾	jǐ	6	會	hwèi	5	數	shù	19	離	lí	18
街	jyē	12	經	jīng	13	鋪	pù	16	壞	hwài	16
铺	pù	16	错	tswò	16	**16**			聽	tīng	6
谢	syè	5	数	shù	19	懂	dǔng	12	願	ywàn	15
13			**14**			親	chīn	7	關	gwān	13

18~

歡	hwān	15	鐘	jūng	8	
舊	jyòu	18	覺	jywé <jyàu>	16	
難	nán	13	邊	byān	18	

III. NUMBER OF STROKES AND STROKE ORDER LIST OF THE 300 BASIC CHINESE CHARACTERS INTRODUCED IN THIS BOOK

In writing Chinese characters, it is important to observe certain principles of stroke order evolved from the experience of many generations of Chinese calligraphers. Important as they are, these principles are very general in nature and people do differ in minor details. Just as many an American would say, 'Nobody is going to tell me whether to write the horizontal or the vertical line first in the capital letter T,' the Chinese people can be equally stubborn in this matter. Listed below are seven of the most generally observed principles.

1. From upper left-hand corner to lower right-hand corner. This is an over-all principle, embracing the remaining six, and guides the writing of all characters not covered by them (see illustrations 1 to 6).
2. From left to right, as in 八 (see illustration 1).
3. From top to bottom, as in 二 (see illustration 2).
4. From outside to inside, as in 日 (see illustration 3). Note how the inside is filled in first before the base line is added.
5. Horizontal before other lines crossing it, as in 十 (see illustration 4).
6. Slanting stroke to the left before the one to the right, as in 父 (see illustration 5).
7. Center stroke before its symmetrical wings, as in 小 (see illustration 6).

	ILLUSTRATION	STROKE ORDER			
1	八	ノ	八		
2	二	一	二		
3	日	丨	冂	冃	日
4	十	一	十		
5	父	ノ	ハ	父	父
6	小	亅	小	小	

Supplementary illustrations to show the Principles of stroke order, and direction of each stroke.

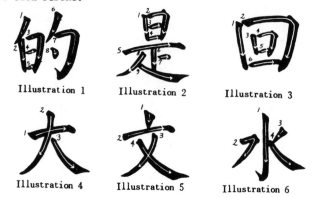

Illustration 1   Illustration 2   Illustration 3

Illustration 4   Illustration 5   Illustration 6

II. BASIC STROKE FORMS

丶	六	亅 月	乚 己
丶	火	乙 吃	乀 我
丶	河	乛 又	乚 心
丶	大	阝 近	刂 字
乁	這	丨 十	丿 人
一	三	丿 水	乛 千
乛	完	乚 很	厶 去
丿	打	乚 山	乀 女

一	一			六	丶	亠	宀
					六		
1 stroke				4 strokes			
二	一	二		七	一	七	
2 strokes				2 strokes			
三	一	二	三	八	丿	八	
3 strokes				2 strokes			
四	丨	冂	匹	九	丿	九	
	四	四					
5 strokes				2 strokes			
五	一	丅	五	十	一	十	
	五						
4 strokes				2 strokes			

月	丿	刀	月	我	丿	二	于
	月				手	我	我
4 strokes				7 strokes	我		
個	丿	亻	individual	你	丿	亻	亻
	们	佣	佣		伱	你	你
10 strokes	個	個	個	7 strokes	你		
人	丿	人		他	丿	亻	仁
					仲	他	
2 strokes				5 strokes			
大	一	十	大	們	丿	亻	仈
					伊	伊	伊
3 strokes				10 strokes	們	們	們
天	一	二	于	是	丨	冂	日
	天				日	旦	早
4 strokes				9 strokes	是	是	是

有	一	ナ	才	兩	一	一	雨
	冇	有	有		雨	雨	雨
6 strokes				8 strokes	兩	兩	
沒	丶	冫	氵	中	丶	一	口
	氵	沉	没		中		
7 strokes	沒			4 strokes			
上	丨	卜	上	的	丿	亻	白
					白	白	白
3 strokes				8 strokes	的	的	
下	一	丁	下	不	一	丆	不
					不		
3 strokes				4 strokes			
也	一	也	也	小	亅	小	小
3 strokes				3 strokes			

在	一	广	在	裹	亠	亩	宣
	在	在	在		重	重	裏
6 strokes				13 strokes	裏	裏	裏
甚	一	十	廿	外	ノ	ク	夕
	廿	甘	其		夘	外	
9 strokes	其	其	甚	5 strokes			
麼	亠	广	广	前	丶	丷	丷
	庁	床	麻		广	肖	肖
14 strokes	麻	麼	麼	9 strokes	肖	前	前
地	一	十	土	後	ノ	彳	彳
	圵	地	地		彳	往	絲
6 strokes				9 strokes	後	後	後
方	丶	亠	六	頭	豆	豆	豆
	方				豇	頭	頭
4 strokes				16 strokes	頭	頭	頭

這	`	亠	言	先	ノ	𠂉	牛
	言	言	言		生	牛	先
10 strokes	言	這	這	6 strokes			
那	𠃌	刁	刁	生	ノ	𠂉	𠂉
	月	那	邦		牛	生	
7 strokes	那			5 strokes			
到	一	乙	云	多	ノ	ク	夕
	云	至	至		夕	多	多
8 strokes	到	到		6 strokes			
兒	´	𠂉	𠂊	少	丨	小	小
	臼	臼	臼		少		
8 strokes	臼	兒		4 strokes			
了	𠃍	了		很	´	彳	彳
					彳	彳	彳
2 strokes				9 strokes	很	很	很

好	く	ㄥ	女	來	一	寸	寸
	如	好	好		寸	來	求
6 strokes				8 strokes	來	來	
看	´	⼆	三	去	一	十	土
	手	禾	看		去	去	
9 strokes	看	看	看	5 strokes			
説	二	言	言	子	⼀	了	子
	訁	訊	說				
14 strokes	訪	說	説	3 strokes			
話	二	言	言	要	一	一	冂
	訁	訐	許		西	西	西
13 strokes	訐	話	話	9 strokes	要	要	要
國	冂	冂	同	給	㇑	㇑	幺
	同	同	國		幺	幺	糸
11 strokes	國	國	國	12 strokes	給	給	給

時	刀	月	日	東	一	一	万
10 strokes	日一	日十	日土	8 strokes	百	百	申
	日土	時	時		東	東	
候	亻	个	伫	西	一	一	冂
10 strokes	伫	伫	伫	6 strokes	両	西	西
	侯	候	候				
作	丿	亻	仁	買	冂	罒	罒
7 strokes	竹	仵	作	12 strokes	罒	買	胃
	作				買	買	買
事	一	一	冂	賣	一	十	士
8 strokes	曰	戸	鬲	15 strokes	赤	声	青
	扁	事			壺	賣	賣
錢	亼	牟	金	想	丁	才	木
16 strokes	釒	鉄	銭	13 strokes	村	相	相
	銭	銭	銭		想	想	想

用	丿	刀	月	吃	丶	口	口
	月	用			口丿	吖	吃
5 strokes				6 strokes			
此	丶	卜	止	飯	人	今	今
	止	此	此		今	食	食
8 strokes	此	此		12 strokes	飠	飯	飯
都	十	土	耂	請	丶	二	言
	者	者	者		言	訐	訮
11 strokes	都	都	都	15 strokes	請	請	請
對	丶	业	业	坐	丿	人	从
	业	丵	丵		从	坐	坐
14 strokes	丵	對	對	7 strokes	坐		
可	一	一	口	問	丨	门	門
	口	可			門	門	門
15 strokes				11 strokes	門	問	問

寫	丶	丷	宀	會	人	今	今
	宀	宀	宙		侖	侖	侖
15 strokes	宙	寫	寫	13 strokes	會	會	會
字	丶	丷	宀	能	厶	厶	厶
	宀	宁	字		自	自	自
6 strokes				10 strokes	能	能	能
學	丶	丨	F	本	一	十	才
	F	段	段		木	本	
16 strokes	段	與	學	5 strokes			
日	丨	冂	日	就	亠	古	亨
	日				京	京	京
4 strokes				12 strokes	就	就	就
回	丨	冂	冂	以	丶	㠯	㠯
	回	回	回		以		
6 strokes				4 strokes			

朋	ノ	刀	月	百	一	丆	丆
	月	刖	朋		万	百	百
8 strokes	朋	朋		6 strokes			
友	一	ナ	方	點	口	四	罒
	友				甲	剄	黑
4 strokes				17 strokes	點	點	點
意	亠	立	立	叫	丶	冂	口
	音	音	音		口	叫	叫
13 strokes	意	意	意	5 strokes			
幾	ㄥ	ㄠ	幺	聽	丆	刀	耳
	幺幺	絲	絲		耳	耳	耳
12 strokes	幾	幾	幾	22 strokes	聽	聽	聽
半	丶	丷	䒑	走	一	十	土
	兰	半			丰	韦	赤
5 strokes				7 strokes	走		

現
11 strokes
父
4 strokes
早
6 strokes
母
5 strokes
老
6 strokes
親
16 strokes
為
9 strokes
家
10 strokes
還
16 strokes
塊
13 strokes

今	丿	人	仝
	今		
4 strokes			

念	丿	人	仝
	今	今	念
8 strokes	念	念	

明	丨	冂	日
	日	町	明
8 strokes	明	明	

書	乛	彐	彐
	三	聿	聿
10 strokes	書	書	書

昨	丨	冂	日
	日	日'	昨
9 strokes	昨	昨	昨

住	丿	亻	个
	仁	住	住
7 strokes	住		

晚	冂	日	日'
	日'	旷	昉
11 strokes	晚	晚	晚

第	丿	𠂉	𥫗
	𥫗	竺	竺
11 strokes	第	第	第

姓	乚	乚	女
	女'	女	女
8 strokes	姓	姓	

所	丶	丿	戶
	戶	戶	所
8 strokes	所	所	

知口	ノ	ト	上	出	屮	凵	中
	矢	矢	矢		出	出	
7 strokes	知口	知		5 strokes			
道	ヽヽ	丷	产	起	十	土	丰
	首	首	首		走	赱	走
12 strokes	首	道	道	10 strokes	起	起	起
門	｜	ｌ	門	等	ノ	ㄎ	竹
	門	門	門		竺	竺	竺
8 strokes	門	門		12 strokes	竿	等	等
鐘	仝	숲	釸	把	一	扌	扌
	鎬	鎬	鎬		扣	把	把
20 strokes	鐘	鐘	鐘	7 strokes			
年	ノ	㇋	仁	從	ノ	ノ	彳
	仁	年	年		彳	彳	彳
6 strokes				11 strokes	從	從	從

快	′	′′	忄
7 strokes	忙	忙	快
	快		

情	忄	忄⁻	忄⁼
11 strokes	忄丰	忄生	忄青
	情	情	情

慢	忄	忄′	忄曰
14 strokes	忄曰	忄曼	忄曼
	忄曼	慢	慢

思	丶	冂	冂
9 strokes	田	田	田
	思	思	思

| 又 | 𠃌 | 又 | |
| 2 strokes | | | |

位	′	亻	亻′
7 strokes	仁	位	位
	位		

| 再 | 一 | 厂 | 冂 |
| 6 strokes | 冂 | 再 | 再 |

| 件 | ′ | 亻 | 亻′ |
| 6 strokes | 仁 | 仁 | 件 |

着	′′	丷	兰
11 strokes	羊	羊	着
	着	着	着

别	′	冂	口
7 strokes	号	另	别
	别		

星	丶	冂	日	行	丿	彳	彳
	日	旦	旦		彳	行	行
9 strokes	早	星	星	6 strokes			
期	卄	甘	其	送	丶	丷	丷
	其	其	其		关	关	关
12 strokes	期	期	期	9 strokes	关	送	送
拿	丿	人	合	貴	丶	冂	口
	合	合	合		中	虫	貴
10 strokes	拿	拿	拿	12 strokes	貴	貴	貴
愛	丶	爫	爫	太	一	ナ	大
	愛	愛	愛		太		
13 strokes	愛	愛	愛	4 strokes			
進	亻	亻	亻	因	丨	冂	冂
	隹	隹	隹		因	因	因
11 strokes	隹	進	進	6 strokes			

紙	ㄥ	ㄠ	ㄠ	房	、	宀	ㄱ
	糸	糸	糸		戶	戶	启
10 strokes	紅	紙	紙	8 strokes	房	房	
筆	ノ	ㄣ	ㄣ	屋	ㄱ	ㄱ	尸
	⺮	竺	竺		尸	尻	居
12 strokes	筥	筆	筆	9 strokes	居	屋	屋
表	一	二	耒	誰	、	言	言
	主	夫	表		訂	訂	訂
8 strokes	表	表		15 strokes	誰	誰	誰
手	丿	二	三	千	丿	二	千
	手						
4 strokes				3 strokes			
信	丿	亻	亻	萬	十	十一	艹
	信	信	信		苗	莒	萬
9 strokes	信	信	信	13 strokes	萬	萬	萬

男	丶	冂	冂
	甲	田	男
7 strokes	男		

唱	口	口	吅
	吅	吅	咟
11 strokes	唱	唱	唱

女	く	女	女
3 strokes			

歌	一	可	可
	哥	哥	哥
14 strokes	歌	歌	歌

新	亠	六	立
	辛	亲	亲
13 strokes	新	新	新

氣	丿	气	气
	气	气	气
10 strokes	氣	氣	氣

真	一	十	十
	古	直	直
10 strokes	真	真	真

句	丿	勹	勹
	句	句	
5 strokes			

常	丨	丷	丷
	心	心	常
11 strokes	常	常	常

張	ㄱ	ㄱ	弓
	弓	弭	張
11 strokes	張	張	張

見	丨	冂	月	正	一	丁	下
	月	目	貝		下	正	
7 strokes	見			5 strokes			
高	丶	亠	亠	必	ノ	心	心
	古	古	庐		必	必	
10 strokes	高	高	高	5 strokes			
緊	一	匸	匝	怎	ノ	亻	亻
	臣	臤	臤		乍	乍	乍
14 strokes	緊	緊	緊	9 strokes	怎	怎	怎
定	丶	丷	宀	呢	丶	口	口
	宀	宁	宇		口コ	口コ	叩
8 strokes	宇	定		8 strokes	叽	呢	
跟	口	𧾷	𧾷	吧	丶	口	口
	𧾷	跙	跙		口コ	口刀	口巴
13 strokes	跟	跟	跟	7 strokes	吧		

弟	`	``	⌐ヨ	告	ノ	一	屮
	⌐ヨ	弔ヨ	弟		止	生	告
7 strokes	弟			7 strokes	告		
城	一	十	土	訴	`	二	言
	扩	圹	圴		言	訓	訓
9 strokes	城	城	城	12 strokes	訴	訴	訴
孩	⌐	了	孑	懂	忄	忄	忄
	孑	孑	孖		忄	忄	忄
9 strokes	孖	孩	孩	10 strokes	懂	懂	懂
夜	`	一	亠	忘	`	二	亡
	亣	疒	夜		亡	忘	忘
8 strokes	夜	夜		7 strokes	忘		
歲	`	⌐	止	站	`	二	亠
	产	产	产		立	立	刘
13 strokes	歲	歲	歲	10 strokes	立卜	站	站

巳	コ	コ	巳	水	丿	刂	水
					水		
3 strokes				4 strokes			

經	幺	糸	紅	火	丶	´`	少
	紅	經	經		火		
13 strokes	經	經	經	4 strokes			

差	丶	´`	´´	車	二	厂	冂
	兰	兰	羊		冋	亘	亘
9 strokes	差	养	差	7 strokes	車		

白	勹	勹	勹	報	十	圭	壴
	白	白			圭	幸	幸
5 strokes				12 strokes	幸	報	報

難	一	廿	苫	校	一	十	才
	堇	莫	蓳		才	扩	扩
19 strokes	難	難	難	10 strokes	柊	柊	校

開	ᄀ	ᄀ	月	找	一	扌	扌
	門	門	門		扌	找	找
12 strokes	門	閉	開	7 strokes	找		
關	戶	門	門	謝	言	訂	訂
	關	關	關		誹	諭	諭
19 strokes	關	關	關	17 strokes	諭	謝	謝
刻	`	一	亠	跑	口	尸	早
	亥	亥	亥		足	跙	跙
8 strokes	刻	刻		12 strokes	跑	跑	跑
分	`	八	分	得	`	ノ	彳
	分				彳	彳	得
4 strokes				11 strokes	得	得	得
教	十	土	耂	過	冂	冎	冎
	耂	孝	孝		冎	咼	咼
11 strokes	孝	教	教	12 strokes	咼	過	過

自	´	⼁	⼓	工	一	丁	工
	自	自	自				
6 strokes				3 strokes			
己	⼄	⼌	己	夫	一	二	丰
					夫		
3 strokes				4 strokes			
棹	⼁	才	扌	打	一	十	才
	朾	朾	柜		扌	打	
12 strokes	棏	椬	棹	5 strokes			
菜	⼀	艹	艹	算	⼂	竹	竹
	艹	艹	苹		笞	笞	筲
12 strokes	芊	芽	菜	14 strokes	笡	算	算
茶	⼀	艹	艹	街	彳	彳	彳
	艹	艹	苶		往	往	往
10 strokes	芥	荟	茶	12 strokes	往	往	街

認	言	言	訂	哥	一	一	哥
	訂	訒	認		哥	哥	哥
14 strokes	認	認	認	10 strokes	哥	哥	哥
識	言	訂	訂	路	口	足	足
	訂	評	諳		足	足	足
19 strokes	諳	識	識	13 strokes	跙	政	路
放	丶	二	方	病	丶	一	广
	方	方	放		广	疒	疒
8 strokes	放	放		10 strokes	病	病	病
笑	丿	𠂉	𠂉	幫	十	土	圭
	𠂉	竹	竺		封	封	幫
10 strokes	竺	笑	笑	17 strokes	幫	幫	幫
底	丶	广	广	睡	冂	月	目
	广	庐	庄		盰	盰	睡
8 strokes	底	底		13 strokes	睡	睡	睡

帶	一	卄	廿	喜	一	十	士
	世	世	世		吉	吉	吉
11 strokes	带	帶	帶	12 strokes	喜	喜	喜
哭	口	口	口	歡	卄	卄	茍
	口口	口口	吅		萑	萑	雚
10 strokes	哭	哭	哭	22 strokes	歡	歡	歡
玩	一	二	干	應	丶	广	广
	王	玉	玉		雁	雁	雁
8 strokes	玗	玩		17 strokes	應	應	應
夠	ノ	勹	句	當	小	小	尚
	句	句	句		告	告	告
11 strokes	夠	夠	夠	13 strokes	當	當	當
平	二	二	二	願	厂	厂	戶
	三	平			原	原	願
5 strokes				19 strokes	願	願	願

衣	`	衣	宀	怕	'	`	忄
	宀	衣	衣		忄	忄	忄
6 strokes				8 strokes	怕	怕	
客	丷	宀	宀	完	`	丷	宀
	宀	宀	客		宀	宀	宀
9 strokes	客	客	客	7 strokes	完		
文	`	亠	宀	辨	丷	亠	立
	文				立	辛	郣
4 strokes				16 strokes	郣	辦	辦
名	ノ	ク	夕	覺	臼	臼	臼
	夕	名	名		學	學	學
6 strokes				20 strokes	學	覺	覺
法	`	冫	氵	美	`	丷	丷
	氵	汁	注		丷	羊	羊
8 strokes	法	法		9 strokes	羊	美	美

容	﹀	﹀	宀	山	㇑	凵	山
	宀	宍	灾				
10 strokes	宎	容	容	3 strokes			
易	㇑	冂	日	河	丶	冫	氵
	日	月	易		沪	沪	沪
8 strokes	易	易		8 strokes	沪	河	
錯	𠂆	仐	金	畫	㇇	㐄	聿
	金	釺	鉗		聿	書	畫
16 strokes	錯	錯	錯	12 strokes	書	畫	畫
鋪	𠂆	仐	金	魚	𠂇	夕	夕
	金	釘	鋪		夕	夕	角
15 strokes	銅	鋪	鋪	11 strokes	魚	魚	魚
壞	圡	坮	坩	船	丿	力	舟
	壋	壞	壞		舟	舟	舟
19 strokes	壞	壞	壞	11 strokes	舟	船	船

様	扌	扌'	扌'	黑	丶	冂	回
	样	样	样		罒	回	甲
15 strokes	様	様	様	12 strokes	黒	黑	黑
條	亻	亻'	亻'	比	し	ヒ	比
	仸	攸	攸		比		
10 strokes	佟	條	條	4 strokes			
次	丶	冫	冫	極	寸	木	朾
	汐	沪	次		朾	柯	柯
6 strokes				12 strokes	極	極	極
長		厂	下	最	冂	曰	旦
	上	上	長		昌	昌	昌
8 strokes	長	長		12 strokes	昌	最	最
短	ノ	上	亡	更	一	一	一
	午	矢	知		両	百	更
12 strokes	知	短	短	7 strokes	更		

南	一	十	内	喝	口	吖	吖
9 strokes	内	内	南	12 strokes	吖	吖	喝
	南	南	南		喝	喝	喝
北	丨	十	扎	酒	丶	氵	汀
5 strokes	北	北		10 strokes	汀	沔	洒
					洒	酒	酒
左	一	ナ	左	館	𠆢	𠆢	今
5 strokes	左	左		16 strokes	今	食	飠
					館	館	館
右	一	ナ	大	穿	丶	八	宀
5 strokes	右	右		9 strokes	宀	宀	空
					空	穿	穿
邊	力	自	鼻	忙	丶	八	忄
18 strokes	鼻	鼻	鼻	6 strokes	忄	忙	忙
	邊	邊	邊				

遠	十	吉	声	王	一	二	干
	袁	袁	袁		王		
13 strokes	遠	遠	遠	4 strokes			
近	′	ノ	┌	臉	刀	月	月
	斤	近	近		月′	胎	胎
7 strokes	近			17 strokes	臉	臉	臉
舊	艹	扩	萑	心	′	心	心
	萑	萑	萑		心		
18 strokes	舊	舊	舊	4 strokes			
直	一	十	广	毛	′	二	三
	肖	肖	盲		毛		
8 strokes	盲	直		4 strokes			
離	亠	文	卤	數	口	曰	昌
	离	离	离		串	婁	婁
18 strokes	离隹	離	離	15 strokes	婁丨	數	數

洗	丶	冫	氵	奇	一	亠	大
	沪	汧	汧		查	奇	奇
9 strokes	洸	洗	洗	8 strokes	奇	奇	
往	丿	彳	彳	怪	丶	忄	忄
	彳	彳	彳		怀	怪	怪
8 strokes	往	往		8 strokes	怪	怪	
便	丿	亻	仁	然	丿	夕	夕
	佧	佰	佰		夕	夘	肰
9 strokes	佰	便	便	12 strokes	肰	然	然
每	丿	𠂉	仁	許	亠	言	言
	每	每	每		言	言	計
7 strokes	每			11 strokes	計	許	許
但	丿	亻	亻	才	一	𠂇	才
	但	但	但				
7 strokes	但			3 strokes			

III. VOCABULARY

A

| ài | 愛 | V: love | 68 |
| | | AV: love to, like to | 68 |

B

bā, bá	八	NU: eight	2
bājyǒuywèli	八九月裏	TW: in August or September	7
báywè shŕwǔ	八月十五	TW: August 15th	2
bǎ	把	CV: (brings object to front of verb)	60
ba	吧	P: (sentence suffix, implying probability or indicating a request)	85
bái	白	SV: be white; fair	95
bái jř	白紙	N: white paper	95
báityan	白天	TW: daytime	95
bǎi	百	NU: hundred	44
bài	拜	BF: week, worship (in lřbài)	68
bān	bān	V: move (change residence) move (heavier articles)	65 62
bānjyā	bān家	VO: move one's residence	65
bàn	半	NU: half	43
bàntyān	半天	TW: half a day; a long while	43
bànyè	半夜	TW: midnight; a long while	93
bàn	辦	V: manage; carry out	128
bànbuwán	辦不完	RV: unable to finish (a certain matter)	133
bànshŕ	辦事	VO: handle the matter	128
bàn sywésyàu	辦學校	VO: run a school	131
bāng	幫	V: help	117
bāngjù	幫jù	V: help	117
bāngmáng	幫忙	V: help out	117

bàu	報	N: newspaper	101
běi	北	PW: north	145
běibù	北bù	PW: north section or part	150
běibyār	北邊兒	PW: the north; the north side	145
Běijīng	北京	PW: Peking / Běijīng	148
Běijīng rén	北jīng人	N: a native of Peking	148
běn	本	M: volume (books) BF: original	37 37
běnlái	本來	MA: originally	115
bèn	bèn	SV: be stupid, clumsy	159
bǐ	比	CV: compared with, than V: compare	139 139
bǐ	筆	N: pen, pencil, any writing instrument	75
bì	必	BF: must	85
bìděi	必得	AV: must	103
bìng	病	SV/N: be sick/sickness	117
bìngle	病了	SV: become sick	117
bìngrén	病人	N: sick person	117
bù, bú	不	A: (negative prefix to verbs, stative verbs and adverbs except *yǒu*)	6
búbì	不必	AV: need not	85
bùcháng	不常	A: not often	77
búdàn	不但	MA: not only	154
bùgǎndāng	不gǎn當	IE: You flatter me!	134
búhwài	不壞	SV: be not bad, pretty good	129
bùnéng bù	不能 不	AV: cannot but	54
búsyè	不謝	IE: Don't thank (me)	103
bútswò	不錯	SV: be not bad, quite good	129
bùyǐdìng	不一定	A: not necessarily,	30
búyùng	不用	AV: no use to, need not	29
-bù	-bù	M: section, part	150
-byān	邊	M: -side, border; part	145

–byār	邊兒	M: side, border; part	145
byàn, pyàn	便	BF: convenient (fāngbyàn); cheap (pyànyi)	154
byǎu	表	N: watch	75
byé	別	AV: don't (imperative, from búyàu) BF: other	67
byéde	別的	N: (an)other (person or thing)	67
byéren	別人	N: other people	67

C

chá	茶	N: tea	109
chágwǎr	茶館兒	N: teahouse	146
cháwǎn	茶wǎn	N: tea cup	109
chà	差	V: differ by; lack, be short	95
chàbudwō	差不多	IE: almost, about	95
cháng	長	SV: be long	138
cháng	常	A: often, usually	77
chángcháng	常常	A: frequently, often	77
chàng	唱	V: sing	83
chànggē(r)	唱歌(兒)	VO: sing (song)	83
chē	車	N: vehicle	101
chējàn	車站	N: bus or railway station	107
chēmén	車門	N: door of vehicle	108
chéng	城	N: city	93
chéngli	城裏	PW: in the city	93
chéng lǐtou	城 裏頭	PW: in the city, in the city	57
chī, chí	七	NU: seven	2
chībāgè	七八個	NU-M: seven or eight	3
chíywè	七月	TW: July	8
chí	奇	BF: strange	155
chígwài	奇怪	SV: be strange; peculiar; surprised	155
chǐ	起	BF: rise, get up	60

chǐlai	起來	V: rise, get up	6C
chì	氣	N: anger; [air]	83
chìchē	chì車	N: automobile, motor vehicle	46
chìchējàn	chì車站	N: bus station	94
chīn	親	BF: parents	51
chīngchu	chīngchu	SV: be clear (in meaning)	150
chíng	情	BF: thing (_shŕching_) in the sense of affair, event	67
chǐng	請	V: invite, request; please	35
chǐngdzwò	請坐	IE: please be seated	35
chǐngwèn	請問	IE: (please) may I ask?	35
chŕ	吃	V: eat	35
chŕfàn	吃飯	VO: eat (meal)	35
chū	出	V: exit (out)	6C
chūchéng	出城	VO: go out of the city	93
chūchyu	出去	RV: go out	6C
chūgwó	出國	VO: go abroad	6C
chūlai	出來	RV: come out	6C
chūmén	出門	VC: go out (of the house)	6C
chúfáng	chú房	N: kitchen	76
chwān	穿	V: wear (clothes)	146
chwán	船	N: boat	137
chyān	千	NU: thousand	76
chyán	前	PW: front; [former]	12
chyánbyār	前邊兒	PW: the front (side)	145
chyánhòudzwǒyòu	前後左右	PW: on all sides	150
chyánmén	前門	N: front door	59
chyántou	前頭	PW: front	12
chyántyan	前天	TW: day before yesterday	123
chyán	錢	N: money	27

chyù	去	V: go	21
chyùbulyǎu	去不了	RV: unable to go	151
chyùnyan	去年	TW: last year	59

D

dǎ	打	V: fight; beat	112
dǎjàng	打jàng	VO: make war	11C
dǎswan	打算	V: plan to	11C
dà	大	SV: be large, big; grown up	3
dàde	大的	N: the large one	8
dàgài	大gài	MA: probably	157
dàgē	大哥	N: eldest brother	117
dàjyē	大街	N: main street	11C
dàle	大了	SV: be grown up	124
dàlù	大路	N: highway	117
dàmén	大門	N: main gate or door	59
dàren	大人	N: adult	7
dài	帶	V: take or bring along	118
dài	dài	V: wear, put on (hat, watch, etc.)	64
dàn	但	BF: but, only	154
dāng	當	BF: should, ought to	119
dāngrán	當然	MA: of course, naturally	157
dàu	到	V: arrive at, reach CV: to (towards) PV: (indicating arrival at the goal of action)	13
dàu	道	BF: know (*jŕdau*)	59
Dégwo	Dé國	PW: Germany	2C
de, dǎi, [dé]	得	*de——* P: (particle which, together with a resultative complement, forms a potential resultative compound) *dǎi——*AV: have to, must	111 1C3
de, [dì]	的	P: (subordinating particle indicating that what precedes *de* qualifies what follows)	6

děi	得	(see first *de* above)	
děng	等	V: wait, wait for	60
děngje	等着	V: waiting	60
dǐ	底	BF: underneath, below	111
dǐsya	底下	PW: underneath, below	111
dì	弟	BF: younger brother	93
dìdi	弟弟	N: younger brother	93
dì	地	BF: place [N: ground]	11
dìfang	地方	N: place	11
dìsya	地下	PW: on the ground, on the floor	160
dì-	第	P: (ordinalizing prefix to numbers)	53
dìjǐ	第幾	SP: which? (of series)	54
dìng	定	BF: certainly	84
dōu	都	A: all, both	29
dūng	東	PW: east	28
dūngběi	東北	PW: northeast; the Northeast	145
dūngnánsyī-běi	東南西北	PW: in all directions	150
dūngsyi	東西	N: thing (in the sense of object, article)	28
dǔng	懂	V: understand	94
dwǎn	短	SV: be short	138
dwèi	對	SV: right, correct CV: to, towards (facing)	29
dwèibuchǐ	對不起	IE: excuse me! I'm sorry!	64
dwèile	對了	IE: that's right	29
dwō, dwó	多	SV: be much, many	19
dwó(ma)	多麼	A: how? to what degree?	147
dwōshau	多少	NU: how much? how many?	19
dwōsyè	多謝	IE: many thanks	103
dyǎn	點	BF: a little M: (for hour)	44

dyǎnsyin	點心	N: refreshment, snacks	153
dyǎr	點兒	M: (contraction for *yìdyǎr*)	87
dyōu	dyōu	V: lose, misplace	135
dyōulyǎn	dyōu臉	VO: "lose face"	159
dž	子	P: (noun suffix)	21
dž	字	N: word (written character)	36
dž	自	BF: self	109
džjǐ	自己	N: self, oneself	109
dzài	在	V: be at, in or on CV: at, in or on	11
dzài	再	A: again (prospective action); still still	61
dzàijyàn	再見	IE: goodbye!	61
dzǎu	早	SV: be early A: ago, sometime since	45
dzǎufàn	早飯	N: breakfast	45
dzǎushang	早上	TW: morning	45
dzěn	怎	BF: how? in what way? why? how is it that?	85
dzěmma	怎麼	A: how? in what way? why? how is it that?	85
dzěmma bàn?	怎麼辦	IE: what can be done about it?	97
dzěmmayàng?	怎麼樣	IE: how about? how's everything?	138
dzǒu	走	V: walk; go, leave; go by way of; go (of watches, car, etc.)	44
dzǒujedzǒuje	走着走着	V: while (one is) walking	142
dzǒulù	走路	VO: walk	117
dzǒu yidzǒu	走一走	V: take a walk	44
dzwèi	最	A: the most, -est	139
dzwèihǎu	最好	MA: it would be best that....	139
dzwèiwǎn	最晚	MA: at the latest	139
dzwó	昨	BF: yesterday	52
dzwótyan	昨天	TW: yesterday	52
dzwǒ	左	PW: left	145

Fàgwo hwà	法國話	N: French (language)	20
Fàwén	法文	N: French (language)	127
Fàwén shū	法文書	N: French book	127
fàn	飯	N: food, cooked rice, meal	35
fàngwăr	飯館兒	N: restaurant	146
fāng	方	BF: place [SV: square]	11
fāngbyan	方便	SV: be convenient	154
fáng	房	N: house, building, room	76
fángdz	房子	N: house	76
fàng	放	V: put, place, let go of	111
fàngsya	放下	RV: put down	111
fàngsyīn	放心	VO: rest assured, free from anxiety	153
fēicháng	fēi常	A: unusually, extraordinarily	143
fēi	fēi	V: fly	63
fēijī	fēijī	N: airplane	63
fēn	分	M: cent; minute	102
fēng	fēng	M: (for letters, telegrams, etc.)	75
fū	夫	BF: free or leisure time (*gūngfu*) [BF: man; husband; wife]	110 110
fù	父	BF: father	51
fùchin	父親	N: father	51
fùmǔ	父母	N: parents	51

G

gānjing	gānjing	SV: be clean	134
gāng	gāng	A: just, just this minute	96
gāngtsdi	gāng才	MA: just a moment ago	155
gāu	高	SV: be high, tall N: (surname)	84
gāusyìng	高syìng	SV: be happy, in high spirits	84
gàu	告	BF: tell	94
gàusung	告訴	V: tell, inform	94

gē	哥	BF: elder brother	117
gēge	哥哥	N: elder brother	117
gē	歌	N: song	83
gēr	歌兒	N: song	86
gè	個	M: (general measure for individual persons or things)	3
gěi	給	V: give CV: for, to (benefit of)	21
gēn	跟	CV: with, and (accompanying)	84
gèng	更	A: still more, even more	139
gòu	夠	SV: be sufficient, enough	118
gùshr	gù事	N: story	46
gūng	工	BF: free or leisure time in *gūngfu* [BF: work, labor]	110
gūngfu	工夫	N: free or leisure time	110
gwài	怪	BF: strange	155
gwān	關	V: close (up)	102
gwānshang	關上	RV: close	64
gwǎn	館	BF: tea-house, bar, restaurant, hotel, etc.	146
gwèi	貴	SV: be expensive BF: honorable	69
gwèisying	貴姓	IE: your (honorable) (sur)name?	69
gwó	國	M/N: country, nation	20
gwógē	國歌	N: national anthem	83
Gwópíng	國平	N: (a person's given name)	159
gwò	過	V: pass, exceed; cross over P: (experiential suffix to verbs)	103 103

H

hái	孩	BF: child	93
háidz	孩子	N: child	93
hái [*hwán*]	還	A: still, yet, again	45

hǎu	好	SV: good, all right	20
		A: easily, well	20
		PV: (indicates satisfactory comple- tion of the action)	20
hǎuchr̄	好吃	SV: delicious, good to eat	140
hǎuhē	好喝	SV: pleasing to the taste (drinking)	146
hǎukàn	好看	SV: beautiful	20
hǎujǐ-	好幾-	NU: quite a few	43
hǎule	好了	SV: be well again; it's ready, done	20
hǎuren	好人	N: good person	3
hǎusyē	好些	NU: a good many, a good deal of	29
hǎutīng	好聽	SV: good to listen to	44
-hàu	-hàu	M: day (of month); number (of house, room, etc.)	7
hē	hē	EX: an exclamation of surprise	58
hē	喝	V: drink	146
hēbuchǐ	喝不起	RV: cannot afford to drink	149
hē chá	喝 茶	VO: drink tea	109
hē jyǒu	喝 酒	VO: drink (liquor)	146
hē shwěi	喝 水	VO: drink water	101
hé	河	N: river	137
hēi	黑	SV: be black; dark	139
hěn	很	A: very	19
hòu	後	PW: back	12
hòubyār	後邊兒	PW: the rear (side)	145
hòulai	後來	TW: afterwards, later on	143
hòumén	後門	N: back door	59
hòutou	後頭	PW: back	12
hòu	候	BF: period	27
húng	húng	SV: be red	153
hwà	話	N: speech, language	20
hwà	畫	V: draw, paint N: picture (drawing or painting)	137 137

hwà hwàr	畫 畫兒	VO: draw or paint (a picture)	137
hwàr	畫兒	N: picture, painting	137
hwài	壞	SV: be broken, ruined, spoiled; bad	129
hwàile	壞了	SV: become spoiled, get out of order	129
hwàirén	壞人	N: bad person	129
hwān	歡	BF: be pleased with	119
hwéi	回	V: return	36
		M: a time, occurence	36
hwéichyu	回去	RV: go back, return (there)	38
hwéi gwó	回國	VO: return to one's native country	36
hwéi jyā	回家	VO: return home	51
hwéilai	回來	RV: come back, return (here)	36
hwèi	會	AV: can, know how to, would	37
hwǒ	火	N: fire	101
hwǒchē	火車	N: train	101
hwǒchējàn	火車站	N: railway station	101

J

jàn	站	V: stand	94
		N: station, depot	94
jànchilai	站起來	RV: stand up	94
jāng	張	N: (surname)	83
		M: (for paper, pictures, tables, etc.)	83
Jāng Syansheng	張先生	N: Mr. Jāng	83
jàng	jàng	(see dǎjàng)	
jāu, jáu, je	着	jāu--BF: be worried, get excited (in jāují)	61
		jáu--PV: (indicates success in attaining object of the action)	61
		je----P: (verb suffix, indicating continuance)	61
jāují	着jí	SV: be worried, get excited	161
jáu	找	V: look for, hunt for	103
Jàu	Jàu	N: (surname)	49

Jàujya	Jàu家	N: the Jàu family; the Jaus'	51
je	着	(see *jāu*)	
jè, jèi	這	SP: this (here)	13
jèr	這兒	PW: here	22
jèisyē	這些	SP: these	29
jèmma	這麼	A: in this way, to this degree, so	140
jèi	這	(see *jè*)	
jēn	真	A: really, truly	77
		SV: be real, genuine	77
jèng	正	A: just; in the midst of	85
jènghǎu	正好	SV: be just right	85
jí	極	BF: extreme, extremely	139
-jíle	-極了	P: (suffix to stative verbs indicating extreme degree)	139
jǐ	己	BF: self	109
jǐ	幾	NU: several; how many? (expecting only a few in the answer)	43
jìbujù	jì不住	RV: cannot remember	156
jìde	jì得	V: remember	156
jīn	今	BF: present (day, year)	52
jīnnyan	今年	TW: this year	59
jīntyan	今天	TW: today	52
jǐn	緊	BF: urgent, important	84
jìn	近	SV: be near	147
jìn	進	V: enter (in)	68
jìnchéng	進城	VO: go into the city	93
jìnchyu	進去	RV: go in	68
jìnlai	進來	RV: come in	68
jīng	經	BF: already (in *yǐjing*); pass through, by, via	95
jī	知	BF: know	59
jīdau	知道	V: know	59
jí	直	BF: straight on	147

jř	紙	N: paper	75
jù	住	V: live, stay	53
jūng	中	BF: middle	6
jūngfàn	中飯	N: lunch, noon meal	6
Jūnggwo	中國	PW: China	6
Jūnggwo hwà	中國 話	N: Chinese (language)	20
Jūngwén	中文	N: Chinese (language)	127
jūng	鐘	N: clock	59
jūngbyǎupù	鐘表鋪	N: clock and watch shop	59
jūngtóu	鐘頭	N: an hour	97
jwō	棹	BF: table, desk	109
jwōdz	棹子	N: table, desk	109
jyā	家	N: home, family	51
jyāli	家裏	PW: in (one's) home	51
-jyàn	-件	M: (for article, piece, item)	67
jyàn	見	V: see, meet (more formal than (*kàn*)	84
jyàu	叫	V: call (someone); is called, named	44
		CV: tell, order; let; by	44
jyàuchilai	叫起來	RV: wake up (somebody)	63
jyāu	教	V: teach	102
jyāushū	教書	VO: teach	102
jyē	街	N: street	110
jyēshang	街上	PW: on the street	112
jyějye	jyějye	N: elder sister	57
jyèshàu	jyèshàu	V: introduce	134
jyǒu	九	NU: nine	2
jyǒugebàn ywè	九個半 月	N: nine and a half months	2
jyǒuywè	九月	TW: September	2
jyǒu	酒	N: wine, liquor, alcoholic drinks	146
jyǒugwǎ(n)r	酒館兒	N: bar	149
jyòu	就	A: only; just; then; at once	37

jyòushr	就是	A: only	38
jyòu	舊	SV: be old (in use)	147
Jyòujīnshān	舊jīn山	PW: San Francisco	38
-jyù	-句	M: (for sentence)	83
jyùdz	句子	N: sentence	86
jyàu, jywé	覺	*jyàu*—BF: sleep	128
		jywé—BF: feel	128
jywébuchuldi	覺不出來	RV: cannot feel (it)	128
jywéde	覺得	V: feel	128
jywé	覺	(see *jyàu*)	

K

kāi	開	V: open; start away (train, bus, ship); operate (car, airplane)	102
kàn	看	V: see, look at; read; visit; think, consider; depends upon	20
kànjyan	看見	RV: see	79
kànkan	看看	V: take a look	20
kàn yikàn	看 一看	V: take a look	20
kě	可	BF: may; but, however	29
		A: indeed, certainly	29
kěshr	可是	MA: but	29
kéyi	可以	AV: may, can, be permitted to	37
kè	客	N: guest	127
kèchi	客氣	SV: be polite, stand on ceremony	127
kèren	客人	N: guest	127
kètīng	客tīng	N: living room	127
-kè	-刻	M: quarter-hour	102
kěn	kěn	AV: be willing to	157
kū	哭	V: cry, cry about	118
kǔngpà	kǔng怕	V: be afraid that...	128
kwài	快	SV: be quick, fast	61
		A: quickly, soon	61

kwàichē	快車	N: express (train)	61
-kwài	-塊	M: piece, lump, (measure for dollars)	51

L

lái	來	V: come	21
		PV: (indicates arrival here)	21
láihwéide	來回的	A: back and forth, to and fro	148
láujyà	láujyà	IE: may I trouble you? much obliged!	106
lǎu	老	SV: old (in years)	45
		A: always, keep on	45
Lǎu Gāu	老高	N: Old Gāu (intimate way to call a friend)	87
Lǎu Jàu	老 Jàu	N: Old Jàu (intimate way to call a friend)	49
lǎule	老了	SV: has aged	45
lǎupéngyou	老朋友	N: old friend	47
lǎushr	老是	A: always, keep on	149
lǎusyānsheng	老先生	N: old gentleman	46
lǎutàitai	老太太	N: old lady	157
le, lyǎu	了	*le*--P: (verbal and sentence suffix, indicating completed action, changed status or imminent action)	13
		lyǎu--PV: (indicates capability for doing something, or for carrying it through to completion)	13
lèi	lèi	SV: be tired	46
lí	離	SV: from (be separated or distant from)	147
líkai	離開	V: leave, separate	147
Lǐ	Li	N: (surname)	8
Lǐ Èr	Li 二	N: (a sort of nickname)	32
Lǐjya	Li家	N: the Lǐ family; the Lǐs'	56
lǐ	禮	BF: week, [worship] in *lǐbài*	68
lǐbài	禮拜	N: week	68
lǐbaijǐ	禮拜幾	TW: which day of the week	70

lǐbailyòu	禮拜六	TW: Saturday	71
lǐbaisān	禮拜三	TW: Wednesday	72
lǐbaisè	禮拜四	TW: Thursday	70
lǐbaityān	禮拜天	TW: Sunday	68
lǐbaiwǔ	禮拜五	TW: Friday	70
lǐbaiyī	禮拜一	TW: Monday	70
-lǐ-	-裏-	BF: inside	12
lǐtou	裏頭	PW: inside	12
lìhai	lìhai	SV: terribly (used in the pattern: SVde lìhai)	147
lìkè	lì刻	A: immediately	125
líng	líng	NU: zero	79
lóu	lóu	N: storied building	113
lóu dǐsya	lóu 底下	PW: downstairs	113
lóushàng	lóu上	PW: upstairs	5
lóusyà	lóu下	PW: downstairs	5
lù	路	N: road; route	117
lùshang	路上	PW: on the way	117
lyán	lyán	CV: even including, even	158
lyǎn	臉	N: face	153
lyǎnshang	臉上	PW: on the face	153
lyǎng	兩	NU: couple, two (see Speak Chinese Lesson VI, Note 7 for comparison of lyǎng and èr)	6
lyàng	lyàng	SV: be light or bright (opposite dark)	96
-lyǎu	了	(see le)	
lyòu	六	NU: six	2
lyǔgwǎn	lyǔ館	N: hotel	146

M

ma	麼	P: (question suffix)	11
ma	嗎	P: (question particle)	11
mǎi	買	V: buy	28

mǎibuchǐ	買不起	RV: cannot afford (buying)	130
mǎimai	買賣	N: business, trade	28
mài	賣	V: sell	28
màibàude	賣報的	N: newspaper seller	101
màijyǒude	賣酒的	N: wine seller	146
màishūde	賣書的	N: book seller	28
màiyúde	賣魚的	N: fish seller	137
màn	慢	SV: be slow	61
		A: slowly	61
mànchē	慢車	N: local train	61
máng	忙	SV: be busy	146
—máu	毛	M: ten cents, dime	153
		[N: hair]	153
màudz	màu子	N: hat	7
méi	没	A: (negative prefix for *yǒu*; negative prefix in completed action--abbreviation of *méiyǒu*)	5
		V: have not (abbreviation of *méiyǒu*)	5
méi fádz	没 法子	IE: there is no way out, it can't be helped	134
méi shemma!	没 甚麽	IE: don't mention it! it's nothing at all!	11
méiyìsz	没意思	SV: be uninteresting, dull	67
méiyou	没有	(see *méi*)	
méiyùng	没用	SV: be useless	29
měi—	每	NU: each	154
měityān	每天	TW: everyday	154
měi	美	BF: America, American	128
		[SV: be beautiful]	128
Měigwo	美國	PW: U. S. A.	128
mèimei	mèimèi	N: younger sister	57
mén	門	N: door	59
mén	們	BF: (pluralizing suffix for nouns and pronouns denoting persons when no definite number is mentioned)	4

míng	名	BF: name	127
míng	明	BF: tomorrow, clear	52
míngbai	明白	V: understand (clearly)	95
Míngjēn	明真	N: given name of a person	99
míngtyan	明天	TW: tomorrow	52
míngnyan	明年	TW: next year	59
mǔ	母	BF: mother	51
mǔchin	母親	N: mother	51

N

ná	拿	V: take, carry (smaller articles)	68
náchilai	拿起來	RV: pick up	68
nádzǒu	拿走	RV: take away	68
nájinchyu	拿進去	RV: take (it) in	70
nà, něi; nǎ, něi	那；哪	SP: that; which?	13
nà búyàujǐn	那 不要緊	IE: that's nothing! never mind!	13
nǎr?	哪兒?	PW: where?	13
nèr	那兒	PW: there	13
nèisye	那些	SP: those	29
nán	男	BF: male (of persons)	77
nánde	男的	N: man, male	77
nánháidz	男孩子	N: boy	93
nánpéngyou	男朋友	N: boy friend	78
nánren	男人	N: man	77
nánsywésheng	男學生	N: men students	77
nán	南	PW: south	145
nánbù	南bù	PW: south section or part	150
nánbyār	南邊兒	PW: the south; the south side	145
Nánjīng	南jing	PW: Nanking	148
nán	難	SV: be difficult, hard	95
nánchř	難吃	SV: be impalatable	95

nánjíle	難極了	SV: exceedingly difficult	139
nánkàn	難看	SV: ugly	95
nǎr	哪兒	(see *nà*)	
ne	呢	P: (sentence suffix, indicating continuance of action in positive statements and suspence in negative statements; suffix to questions)	85
něi	那	(see *nà*)	
nèi	那	(see *nà*)	
néng	能	AV: can, be able to	37
nèr	那兒	(see *nà*)	
nǐ	你	N: you (sing.)	4
nǐde	你的	N: your, yours (sing.)	4
nǐmen	你們	N: you (pl.)	4
nǐmende	你們的	N: your, yours (pl.)	4
nín	nín	N: (polite for *nǐ*)	113
–nyán	-年	M: year	59
nyánnyán	年年	TW: every year	59
nyàn	念	V: study, read aloud	53
nyànbuwán	念不完	RV: cannot finish reading	130
nyànshū	念書	VO: study	53
Nyǒuywē	Nyǒuywē	PW: New York	8
nyǔ	女	BF: female (of persons)	77
nyǔer	女兒	N: daughter	77
nyǔháidz	女孩子	N: girl	93
nyǔpéngyou	女朋友	N: girl friend	77
nyǔren	女人	N: women	78

P

pà	怕	V: be afraid of, fear that	128
pà tàitai	怕太太	VO: hen-pecked	128
pǎu	跑	V: run	103

péng	朋	BF: friend	43
péngyou	朋友	N: friend	43
píng	平	BF: peaceful [SV: be flat, level]	118 118
píngān	平ān	N/SV: peace/be peaceful	118
píngcháng	平常	SV: ordinary, common MA: ordinarily	118 118
pù	鋪	BF: store, shop	129
pùdz	鋪子	N: store, shop	129
pyányi	便yi	SV: be cheap, inexpensive	154

R

	日	BF: sun; day	36
Rběn	日本	PW: Japan	36
r̀dz	日子	N: day, time; a special day	125
Rwén	日文	N: Japanese (language)	127
rán	然	BF: nevertheless, although, on the other hand	155
ràng	ràng	CV: by (indicates agent)	160
rén	人	N: person, people, human being	3
rénrén	人人	N: everyone (subject only)	3
rèn	認	BF: recognize, know	111
rènde	認得	V: know, recognize, be acquainted with	111
rènshr	認識	V: know, recognize, be acquainted with	111
rúng	容	BF: be easy (in *rúngyi*)	129
rúngyi	容易	SV: be easy	129

S

sān	三	NU: three	1
sāndì	三弟	N: third younger brother	93
sānywè	三月	TW: March	1

shān	山	N: mountain	137
shānlù	山路	N: mountain path	137
shānshang	山上	PW: on the mountain	137
shānshwěihwàr	山水畫兒	N: landscape painting	141
shàng	上	V: ascend, get onto; go to SP: last PW: on top (of)	5 5 5
shàngbyār	上邊兒	PW: the top, above	145
shàng chē	上車	VO: board a train or car	101
shàng chwán	上船	VO: board a ship	5
Shànghǎi	上hǎi	PW: Shanghai	63
shàngkè	上kè	VO: go to class; in class; start class	104
shànglai	上來	RV: come up	21
shàng syīngchi	上星期	TW: last week	5
shàng shān	上山	VO: go up a mountain	137
shàngsywé	上學	VO: go to school	40
shàngtou	上頭	PW: top, above	12
shàngtsì	上次	TW: last time	138
shàngywè	上月	TW: last month	3
shǎu	少	SV: be few, little	19
shéi, shwéi	誰	N: who? whom?	76
shéi dōu...	誰都...	N: everyone...	76
shén	甚	BF: what? (in shémma)	11
shémma	甚麼	N: what?	11
shémma (...) dou...	甚麼(...)都...	N: ...everything	64
shēng	生	BF: literary man, scholar V: born	19 19
shēngchì	生氣	VO: get angry	83
shǒu	手	N: hand	75
shǒubyǎu	手表	N: wrist watch	75
shŕ	十	NU: ten	2
shŕèrywè	十二月	TW: December	7

shŕ	時	BF: time	27
shŕhou	時候	N: time	27
shŕjyèshang	shŕjyè 上	PW: in the world	144
shŕ	事	N: business	27
shŕching	事情	N: thing (in the sense of affair, event)	67
shŕ	是	V: is, am, are (in their equational sense)	4
		A: (to show emphasis on what follows immediately)	4
		P: (suffix in certain movable ad adverbs)	4
shŕ, shŕ	識	BF: recognize, know	111
shū	書	N: book	53
shūfáng	書房	N: a study	76
shūfu	shūfu	SV: be comfortable	90
shù	數	BF: number	153
shwěi	水	N: water	101
shwèi	睡	V: sleep	117
shwèijáule	睡着了	RV: fall asleep	132
shwèijyàu	睡覺	VO: sleep, retire	128
shwō	說	V: speak, say	20
shwō gùshr	說 gù事	VO: tell a story	20
shwōhwà	說話	VO: talk	20
sù, sùng	訴	BF: tell	94
sùng	訴	(see *sù*)	
sùng	送	V: send, deliver (things); escort; see off; present or give (as a gift)	69
sùnggěi	送給	V: give (it) to...	69
sùng péngyou	送 朋友	VO: seeing a friend off	69
sùng syìn	送 信	VO: deliver a letter	69
sùng yisùng	送 一送	V: see one (to the door, to one's home, etc.)	69
swàn	算	BF: plan to (in *dǎswan*)	110

–swèi	歲	M: year(s) old	93
swèishu	歲數	N: age (year count)	153
swǒ	所	BF: therefore (in *swǒyi*)	53
swǒyi	所以	MA: therefore	53
syà	下	V: descend, go down from	5
		SP: next	5
		PW: below, underneath	5
syàbyār	下邊兒	PW: the bottom, below	145
syà chē	下車	VO: get off a train or car	101
syàchyu	下去	RV: go down	21
syàkè	下kè	VO: get out of class; dismiss class	124
syà syīng chī	下星期	TW: next week	73
syàtou	下頭	PW: below, bottom	12
syàtsè	下次	TW: next time	138
syàwǔ	下wǔ	TW: afternoon	104
syà yitsè chē	下 一次 車	N: the next train	108
syàywè	下月	TW: next month	3
syān	先	A: first	19
syānsheng	先生	N: Mr., sir, gentleman; teacher, polite for husband; you, sir!	19
syàn	現	BF: present	45
syàndzài	現在	MA: now, at present	45
syāngsya	*syāng*下 人	N: country (rural)	5
syāngsya rén	*syāng*下	N: country people	32
syǎng	想	V: think	28
		AV: consider, plan to, want to	28
syǎngsyǎng	想想	V: think over, think about	28
syǎng yisyǎng	想 一想	V: think over, think about	28
syǎu	小	SV: be small, little	6
syǎude	小的	N: the small one	8
syǎuháidz	小孩子	N: small child	93
syǎujye	小jye	N: Miss; polite for daughter	6
syǎulù	小路	N: byway	117

syǎurér	小人兒	N: little (human) figures	166
syǎusyin	小心	SV: be careful, take care	153
		V: look out for	153
syàu	校	BF: school	101
syàu	笑	V: smile, laugh; laugh at	111
syàuhwa	笑話	N: joke	111
–syē	-些	NU: plural number	29
		M: plural measure	29
syě	寫	V: write	36
syědz	寫字	VO: write (characters or words)	36
syě syìn	寫信	VO: write a letter	36
syè	謝	V: thank	103
syèsye	謝謝	V: thanks, thank you	103
syī	西	PW: west	28
syīběibù	西北bù	PW: the northwest section	145
syīnán	西南	PW: southwest	145
Syīshān	西山	N: Western Hills	163
syǐ	洗	V: wash	154
syǐ lyǎn	洗臉	VO: wash the face	153
syǐlyǎnshwěi	洗臉水	N: wash (face) water	157
syǐ	喜	BF: be pleased with	119
syǐhwan	喜歡	V: like, be pleased with	119
		AV: like to, enjoy	119
syīn	心	N: heart	153
syīn	新	SV: be new	77
syìn	信	N: letter, mail	75
syìnjǐ	信紙	N: letter paper	75
syíng	行	SV: be satisfactory, all right, "can do"	69
syìng	姓	N: surname	52
		V: be surnamed	52
syìng Jàu de	姓 Jàu 的	N: one whose surname is Jàu	54

syīngchī 星期 a week   68

syīngchīr 星期日 Sunday

syīngchītyān 星期天 Sunday

syīngchīyī 星期一 Monday (similarly up to Saturday

syǔ	許	BF: perhaps (in yěsyǔ)	155
sywé	學	V: study, learn	36
		AV: learn to, study how to	36
sywésheng	學生	N: students	36
sywésyàu	學校	N: school	101
sž̄	思	BF: meaning (in yìsz)	67
Sž̄ywǎn	思遠	N: a given name	159
sž̀	四	NU: four	1
sž̀wànwàn wǔchyānwàn	四萬萬 五千萬	NU: 450 million	78

T

tā	他	N: he, she, him, her	4
tāde	他的	N: his, her, hers	4
tāmen	他們	N: they, them (referring to persons only)	4
tāmende	他們的	N: their, theirs (referring to persons only)	4
tài	太	A: too, excessively	69
		BF: Mrs., Madame, wife (in tàitai)	69
tàitai	太太	N: Mrs., Madame, wife	69
tán	tán	V: converse, chat about	48
tán (yi) tan	tán (一)tan	V: converse, chat about	70
tāng	tāng	N: soup	41
táng	táng	N: sugar, candy	62
tèbyé	tè別	SV: be special, distinctive	116
tì	tì	CV: for (in place of)	114
tīng	聽	V: listen	44
tīngshwō	聽說	IE: hear(d) it said that	44
tīng (yi) ting	聽 (一)聽	V: listen to (it)	46
tóu	頭	P: (general localizer suffix)	12
tsái	才	A: just, merely; then and only then, not until	155
tsài	菜	N: vegetables; dish of food	109

tsūngming	tsūng明	SV: be intelligent, clever	80
tsúng	從	CV: from	60
tswò	錯	SV: be wrong	129
-tsè	-次	M: a time, occasion	138
tyān	天	M/N: day	3
tyāntyān	天天	AA: daily	3
-tyáu	-條	M: (for rivers, roads, fish, etc.)	138

W

wài	外	PW: outside	12
wàigwo	外國	PW: foreign country	20
wàigwo hwà	外國 話	N: foreign language	20
wàitou	外頭	PW: outside	12
wán	完	V: finish	128
		PV: (indicates end or completion of the action)	128
wánbulyáu	完不了	RV: cannot be finished	128
wán	玩	V: play	118
wár	玩兒	V: play	118
wǎn	晚	SV: be late	52
		BF: evening	52
wǎnbàu	晚報	N: evening paper	106
wǎnfàn	晚飯	N: supper	52
wǎnshang	晚上	TW: evening	52
wǎn	wǎn	M/N: bowl	109
wàn	萬	NU: ten-thousand	76
wáng	王	N: (surname)	153
Wángjya	王家	N: the Wáng family; the Wángs'	153
wǎng, wàng	往	CV: towards (in direction of)	154
wàng	往	(see *wǎng*)	
wàng	忘	V: forget	94
wèi	位	M: (polite for persons)	67
wèi	爲	BF: for	45

wèi shémma	爲 甚麼	MA: why? (for what reason?)	45
wén	文	BF: language	127
wèn	問	V: ask, inquire of or about	35
wèn...hău	問....好	IE: best regards to...	35
wŏ	我	N: I, me	4
wŏde	我的	N: my, mine	8
wŏmen	我們	N: we, us	4
wŏmende	我們的	N: our, ours	4
wū	屋	BF: room	76
wūdz	屋子	N: room	76
wŭ	五	NU: five	1
wŭfàn	wŭ飯	N: lunch (noon meal)	130

Y

yàng	樣	M: kind, sort, way	138
yàngdz	樣子	N: style, appearance, sample	138
yàu	要	V: want, want to	21
		AV: going to, expect to, shall, will; want to	21
yàuburán	要不然	MA: if not, then; otherwise, or else	155
yàubúshr	要不是	MA: (*yàushr búshr*)	167
yàujĭn	要緊	SV: be important	84
yàushr	要是	MA: if, in case	105
yě	也	A: also, too, either (negative of also)	5
yěśyŭ	也許	MA: perhaps, maybe	155
yě...yě	也....也	A: both...and...	5
yè	夜	M: night	93
yèli	夜裏	TW: at night	93
yī, yí, yĭ	一	NU: one, a	1
yíbàn	一半	NU-M: one half	46
yíbàr	一半兒	NU-M: one half	48

yídìng	一定	A: certainly, insist	84
yìdyǎr	一點兒	N: a little bit	44
yígùng	一gùng	MA: altogether	1
yìhwěr	一會兒	TW: (in) a moment, a little while	47
yìjŕ	一直	A: straight on	147
yi...jyou	一....就	A: as soon as...(then)...	125
yíkwàr	一塊兒	A: together	51
yílù píngān	一路 平ān	IE: a pleasant journey	117
yìtyān	一天	TW: a day; the whole day	96
yìtyān dǎu wǎn	一天 到 晚	IE: all day long	120
yíyàng	一樣	SV: be the same, alike	138
yíyè	一夜	TW: a night; the whole night	93
yīywè	一月	TW: January	7
yī	衣	BF: clothes	127
yīshang	衣shang	N: clothes	127
yǐ	一	(see *yī*)	
yǐ	已	BF: already	95
yǐjing	已經	A: already	95
yǐ	以	BF: may (in *kéyi*); therefore (in *swóyi*)	37
yǐchyán	以前	TW: previously, formerly	142
yǐhòu	以後	TW: (t)hereafter	144
yǐdz	yi子	N: chair	21
yì	一	(see *yī*)	
yì	易	BF: easy	129
yì	意	BF: meaning, intention; Italy	43
yìsz	意思	N: meaning	67
Yìwén	意文	N: Italian (language)	132
yīn	因	BF: because (of), for	69
yīnwei	因爲	MA: because	69
yīng	應	BF: should, ought to	119

yīngdāng	應當	AV: should, ought to	119
Yīnggwo	Ying國	PW: England	16
Yīngwén	Ying文	N: English (language)	127
yǒu	友	BF: friend	43
yǒu	有	V: have, has; there is or are CV: be as much as, be as	5 5
yǒubìng	有病	VO: is sick, ill	117
yǒuchyán	有錢	VO: rich, wealthy	27
yǒude	有的	N: some...	5
yǒu(de) shŕhou	有(的)時候	TW: sometimes	27
yǒumíng	有名	SV: famous, well-known	127
yǒu yihwéi	有一回	TW: once (there was an occasion)	81
yǒu yinyán	有一年	TW: one year (in a certain year)	59
yǒu yitsż	有一次	TW: once (there was an occasion)	138
yǒu yityān	有一天	TW: one day (on a certain day)	3
yǒuyìsz	有意思	SV: be interesting	67
yǒuyùng	有用	SV: be useful	29
yòu	又	A: again (completed action)	61
yòu..yòu..	又...又...	A: both...and...	115
yòu	右	PW: right	145
yòushǒu	右手	N: right hand	145
yǘ	魚	N: fish	137
yùbei	yùbei	V: prepare	157
yùng	用	V: use, employ CV: with (using) BF: use (noun)	29 29 29
ywǎn	遠	SV: be far	147
ywàn	願	BF: willing to, wish to	119
ywànyi	願意	AV: willing to, wish to	119
ywè	月	N: month	3